MA VIE
À 200 À L'HEURE

ALEXANDRE BODART PINTO

MA VIE
À 200 À L'HEURE

ÉDITIONS PRISMA

Coordination éditoriale : Ambre Rouvière
Édition et correction : Nord Compo Multimédia
Mise en page et couverture : Nord Compo Multimédia
Photo de couverture : © Sara Rodriguez

ISBN : 978-2-8104-1557-1

Dépôt légal : octobre 2015
Achevé d'imprimer en France par Corlet Imprimeur - N° 175663

PEFC 10-31-1510

Depuis 2009, Prisma Media met en place une politique d'achat éco-responsable. Ainsi, près de 100% du papier de nos magazines est certifié PEFC ou FSC® (gestion durable des forêts). La fabrication des livres des Éditions Prisma s'inscrit également dans cette démarche.

Préface

No limit!

Depuis ce jour fatal où sa moto se déroba sous lui, longtemps, Alexandre interpella la vie du côté de la mort. Plusieurs fois, il tutoya la dame à la faux, sans regret, sans peur, sans hésitation ; à peine sorti du bloc opératoire, son corps blessé, démonté, percé, suturé, il le rudoya encore dès qu'il fut remis en selle – ou plutôt sur son fauteuil roulant –, enfourchant, malgré lui, ce mustang sauvage d'une existence démantibulée. C'est-à-dire, le quotidien douloureux, infernal et tourmenté d'un jeune tétraplégique condamné au cheval de fer.

Le jeune homme est un survivant. Il doit grandir, trouver ses marques, défricher ce nouveau territoire existentiel. Pas vraiment bandant ni joyeux cet avenir qui se présente à portée de roues…

Alexandre n'est pas encore celui qui « roule plus vite que son ombre » !

J'emploie ces métaphores du Far West parce que, dès les premières pages de son autobiographie, Alex me fait penser à un desperado, à un outlaw, une moitié de cowboy, désabusé mais non vaincu. Envers et contre tous, il défie la loi des hommes, et la vertu des femmes ; il se moque de l'horloge et donc du temps, puisqu'à défaut de ses deux jambes, il vit et se démène sur deux fuseaux horaires, le jour, la nuit. Là, le cerveau vitaminé par des substances illicites, Alex fonce droit devant : *No limit!*

Plus tard, il s'écroule évidemment ; son corps affaibli le rappelle à l'ordre mais Alex, de nouveau, le cravache – il n'a pas le temps de s'apitoyer ni sur son sort, ni sur son corps.

Et puis, le sacrifice de sa jeunesse mérite toutes les indulgences, tous les pardons… Qu'auriez-vous fait à sa place ?

Vous résigner ? Attendre les progrès de la science ? Espérer la définitive accessibilité pour une vie d'handicapé discrète, humble et résignée ?

Demander l'aumône à la société, à ses charités et à ses aides sociales ? Mourir ?

Même pas peur… Alex a tout envisagé, même son suicide, sa propre destruction à coups de médocs et à coups de poignards dans le ventre.

À l'aube de son dernier jour terrestre, il était toujours de ce monde, vidé de son sang.

Un guerrier évanoui bien décidé à repartir à la conquête du soleil, d'un paradis, d'une plage au bord d'un océan…

Je vous l'ai dit, Bodart Pinto, c'est un explorateur, un chef sioux, un marshal étoilé qui s'éclate dans les saloons avec de l'alcool, des frères de sang et des filles de joie… Justement, parlons-en de ces demoiselles… Du rêve en dentelle et en mascara.

Quand on est trop jeune et trop cabossé pour apprendre l'amour, on commence par le payer. Après, on devient un gentleman et le sexe sentimental se dévoile telle une perspective bizarre où se combinent le désir de rattraper le temps perdu et l'ivresse des conquêtes.

Pour aimer l'autre, il faut d'abord s'aimer soi-même. Supporter son reflet dans la glace. Oui, le garçon fragile et déterminé dans le miroir, c'est moi !

Alexandre s'est élevé tout seul – entouré de quelques amis fiables et d'autres plus douteux –, il a appris les affaires, les doubles jeux, les trahisons et les règlements de comptes. Avec un culot incroyable et du courage, il a fait front, assumant toujours sa part de responsabilités.

Alex a grandi vite. C'est un peu Romain Gary dans *La Promesse de l'aube* qui déclare : « La vérité meurt jeune… »

Au moins, il aura évité les mensonges. En affrontant son destin, et l'humanité aussi belle que torturée, en parcourant le globe, Alexandre a *voyagé* sa souffrance en la mêlant avec celles des autres hommes. Il a compris, malgré tout, qu'il avait de la chance, beaucoup de chance.

Et puis dans ces terres inconnues, il a découvert le regard émerveillé des enfants et celui des femmes fières et bienveillantes. Non, le monde ne tournait pas qu'autour de lui tels un cycle et un cercle égocentrique qui le ramenait à la dure réalité de sa chaise roulante.

Il y a désormais un chemin qui s'ouvre devant lui, un destin à construire et une route à emprunter avec allégresse.

Évidemment, il y aura des croisements, des impasses, des chemins de traverse et des étapes qui se méritent...

Alex le sait, Alex s'en fout, il a toute la vie qui roule devant lui...

Bruno de Stabenrath

Écrivain et scénariste,
tétraplégique à la suite d'un accident de voiture.
Il anime tous les dimanches le talk-show Rocking chair
sur la chaîne de la diversité Numéro 23.

1

Avant-propos

À quoi ressemblera 2045 ? Je me demande comment le monde aura évolué en trente ans. Ça me paraît tellement loin. Où serai-je ? Est-ce que je serai heureux ? Quel regard porterai-je sur mon parcours ? Je n'en ai évidemment aucune idée. J'espère simplement que je n'aurai pas de regrets, que j'éprouverai du plaisir quand je penserai à tous ces événements qui ont jalonné ma jeunesse et que je serai fier de la personne que je serai devenue.

J'aurai soixante, soixante-cinq ans et, si mes prévisions sont exactes, je ne serai pas au mieux de ma forme. Je sais que ça peut paraître étrange, mais, depuis l'accident, j'ai le profond sentiment que je ne vivrai pas au-delà de soixante-cinq ans. Que mes problèmes de santé seront trop pesants et que je choisirai le lieu, le moment et la manière la plus propice pour tirer ma révérence.

À emporter ce jour-là, ces pages que je m'apprête à écrire. Je voudrais me souvenir de la vie que j'ai menée étant jeune. Je voudrais rire encore et pleurer aussi. Je voudrais me rappeler les moments de joie intense et ne pas oublier les souffrances. Je voudrais le jour venu quitter cette terre serein et apaisé, en me rappelant tout ce que j'ai accompli et qui, je l'espère, me survivra.

À trente-deux ans et après des années d'une vie menée à 200 à l'heure, j'arrive à un tournant. Je vais bientôt fêter mon « fifty-fifty », le petit nom que l'on donne au jour précis où nous, tétraplégiques, avons passé autant de temps sur nos deux jambes qu'en chaise roulante. Il faut que je me pose. Je viens de passer les dix-huit derniers mois sur la route et je prends conscience de la nécessité de lever le pied, ma santé reste fragile et elle me l'a trop souvent rappelé.

Depuis mon appartement de Bruxelles, où je viens tout juste d'emménager, fidèle à moi-même, je pars dans tous les sens. Je me pose beaucoup de questions sur l'avenir, mes nuits ne sont qu'un foisonnement d'idées et je travaille sur des dizaines de projets à la fois en visant le gros coup qui me fera repartir de plus belle. Mais, dans ce chaos apparent, une évidence s'impose : ce livre.

Je l'ai d'abord écrit comme une lettre que je me serais envoyée à moi-même. Sans secret ni tabou. Et puis j'ai décidé de l'ouvrir aux lecteurs qui auront envie de découvrir mon parcours. Et finalement je n'ai rien édulcoré.

Vous l'avez compris, je vais vous emmener faire un violent tour dans ma vie. Un bond dans mon passé, un voyage qui a été pour moi bouleversant, puissant, passionné… un voyage à mon image.

Bonne lecture, tous.

2

Les dés sont jetés

Je ne sais pas quels souvenirs vous gardez de votre enfance ou avec quelle précision vous vous rappellez vos origines. Mon quotidien a longtemps été fait d'excès et ma mémoire doit forcément en avoir pâti. Quoi qu'il en soit, maintenant que je fais le bilan, et avec la précieuse aide des carnets de notes que maman tenait à l'époque, je réalise que tous les détails ont leur importance et qu'ils sont souvent étrangement révélateurs. Ça ne fait aucun doute, je suis bien le fils de papa et maman, et c'est par là que je veux commencer.

Papa et ses deux sœurs sont nés en Angola de parents d'origine portugaise. *Vovô* et *Vovó* – papy et mamy – étaient exploitants de café. Ils étaient propriétaires d'une fazenda, qui comptait environ soixante travailleurs. Jusqu'à ses quatorze ans, c'est là que papa a grandi. Éduqué « à l'africaine », il avait pas mal de liberté et son monde était déjà un vaste territoire qu'il n'espérait qu'étendre chaque jour un peu plus.

Quand la guerre d'indépendance a éclaté, beaucoup de Portugais d'origine ont revendu leurs terres et sont rentrés au pays. Les plus prévoyants ont fait la route avec quelques millions en poche. Ça n'a pas été le cas de la famille. Ils se sont accrochés jusqu'au bout. C'est seulement quand ils ont commencé à craindre pour leurs vies qu'ils ont tout quitté. Du jour au lendemain, avec le peu d'affaires que le temps leur avait permis de rassembler, ils se sont eux aussi résignés à mettre le cap sur le Portugal.

L'histoire de maman est bien différente. Elle est née à Bruxelles, de commerçants bruxellois. Papy était traiteur et, avec l'aide de mamy, il s'est longtemps consacré à cette activité. Quand elle était jeune adulte, maman est parvenue à les convaincre de partir vivre à Barvaux, près de Durbuy, dans les Ardennes, pour qu'elle se rapproche de son fiancé de l'époque. Papy et mamy s'y étaient à peine installés que maman leur annonçait qu'elle ne les rejoindrait pas. Elle et son compagnon venaient de se séparer et elle resterait à Bruxelles, où sa jolie petite carrière de mannequin commençait à décoller. Une période de sa vie pendant laquelle, selon ses dires ou plutôt ses « non-dires », elle s'est plutôt éclatée. Et c'est en boîte de nuit, à Bruxelles, qu'elle a rencontré papa pour la première fois.

Ils tombent très vite amoureux. Maman a vingt-sept ans, et papa vingt et un. La différence d'âge ne les gêne pas. C'est vrai qu'à l'époque ils ont de nombreux intérêts communs, au premier rang desquels un insatiable appétit de la fête ! Ils n'habitent pas le même pays, mais ce n'est pas un obstacle non plus. Ils essaient de se voir le plus souvent possible. Papa est parfois envoyé à Bruxelles pour le travail et sa passion pour le commerce des diamants le conduit régulièrement à Anvers. À chaque fois, il en profite pour faire un crochet par la capitale. À sa plus grande joie, maman découvre de son côté le Portugal. Et ils vivent comme ça, de départs en retrouvailles, pendant deux belles années.

Mais, très vite, les choses se compliquent. Papa est jeune et compte bien en profiter, alors que maman, elle, a plutôt envie de se poser. Le paternel maintient son rythme de vie effréné et enchaîne les sorties entre potes. Des escapades auxquelles se joignent souvent des représentantes de la gent féminine, toujours plus tentatrices. Papa n'aura jamais été un modèle de fidélité. Ce qui n'empêche pourtant pas maman de partir vivre au Portugal avec lui. Les diamants venus d'Angola y transitaient avant d'être envoyés à Anvers et papa était le point de contact. Et puis, maman entretenait d'excellentes relations avec ses beaux-parents et les sœurs de papa, ce qui a certainement dû faire pencher aussi la balance.

Je vis le jour le 13 décembre 1982, au Portugal, à Cascais, une petite ville bourgeoise à une trentaine de kilomètres de Lisbonne. Le soir où maman ressent ses premières contractions, papa n'est pas là. Elle essaie de le joindre toute la nuit alors qu'il est en virée avec ses potes, et c'est seulement à son retour, vers quatre heures du matin, qu'il l'emmènera à l'hôpital. Déjà, cet événement était annonciateur de ce qui allait suivre. Deux jours après ma naissance, papa reprenait le chemin de la guindaille. Et, à peine un mois plus tard, ses séjours prolongés à l'étranger se faisaient de plus en plus nombreux. Voyages au cours desquels, bien entendu, les femmes n'occupaient pas que des seconds rôles.

Évidemment, ce qui devait arriver est arrivé. Papa est de moins en moins présent à la maison et maman s'occupe de moi à temps plein. Elle commence vraiment à l'avoir mauvaise et les disputes sont fréquentes. Bien sûr, papa est plus jeune, bien sûr il est fidèle à ce qu'il a toujours été, mais les choses ont changé, il y a désormais l'éducation d'un enfant en jeu. D'autant plus que papa ne se contente pas de briller par son absence.

Ses activités, toujours plus extravagantes les unes que les autres, offrent le champ libre à sa fougue, à son goût pour la vitesse et les sensations fortes. Combien de fois ne s'est-il pas planté à moto, à plus de 200 kilomètres-heure, alors que, parti de Belgique, il faisait route vers l'Afrique, où il était censé revendre l'un de ces engins ? Combien de fois maman ne l'a-t-elle pas retrouvé à l'hôpital ? Jusque-là, il l'avait toujours échappé belle, jamais de blessures trop graves, mais pour combien de temps ? Et ne parlons pas des autres trafics auxquels il se livrait. Maman raconte qu'elle l'a vu emballer des diamants dans des capotes que les passeurs se foutaient dans le cul pour éviter les frais de douane.

Le 31 décembre, je viens tout juste d'avoir deux ans, nous sommes tous en Belgique pour fêter le Nouvel An et là, c'est le clash. Le lendemain, papa prend ses affaires et rentre seul au Portugal. Maman prendra quand même le temps de lui préciser qu'au vu des événements il ne doit surtout pas espérer la garde partagée.

Ce qu'il aurait profondément souhaité, mais qui constituait pour elle le dernier élément sur lequel elle ait encore de l'emprise. Une ultime tentative de partager « équitablement » la souffrance. Maman et moi irons nous installer chez papy et mamy, dans les Ardennes.

En dehors de son expérience dans le mannequinat, maman n'avait jusque-là jamais vraiment travaillé. Elle découvre alors, non sans amertume, le monde des petits boulots, de l'intérim. Quelque temps plus tard, nous emménageons dans un appartement à Bruxelles. Pendant environ deux ans, mon temps est partagé entre des séjours chez papy et mamy, des séjours au Portugal dans la famille – avec qui maman a gardé un très bon contact – et notre vie à Bruxelles.

J'ai environ quatre ans et demi quand un jour, à un retour du Portugal, maman vient me chercher à l'aéroport accompagnée d'un monsieur que je n'ai jamais vu. Il s'appelle Adrien et, apparemment – c'est en tout cas ce que disent les notes que je retrouve dans le carnet de maman –, je le trouve plutôt sympathique. Maman doit avoir trente-quatre ans à l'époque et Adrien, dix de plus. Il est tout l'opposé de papa. Il est cadre supérieur et jouit d'une situation stable, même s'il a déjà été marié deux fois. Maman ne tarde pas à m'annoncer qu'« Adi » va désormais vivre avec nous. Je le trouve tout d'un coup beaucoup moins sympathique.

Pourtant, je dois bien reconnaître que cet intrus, qui balance un gros coup de pied dans le petit cocon que j'ai créé avec maman, est vraiment très gentil avec moi. Et puis, il a l'air de la rendre heureuse. Un jour, il lui propose d'arrêter de travailler. Elle pourrait s'occuper de moi et de la maison à temps plein. Adi gagne bien sa vie, rien d'exagéré non plus, mais en tout cas suffisamment pour que maman ne doive plus courir les agences d'intérim. Elle accepte volontiers.

C'est le début d'une époque douce et sereine. Une époque sans histoires. Enfin presque. Parce que c'est peut-être justement pour cette raison que j'ai à mon tour commencé à en faire…

3

À moi de jouer

Une période plutôt joyeuse semble ainsi s'annoncer. J'entre en primaire, à l'école juste à côté de la maison. Maman vient me chercher après la classe du matin et je rentre déjeuner avec elle à la maison. La vie est belle, quoi... Enfin, c'était compter sans sa tendance à toujours vouloir plus nous surprendre.

Je vais bientôt fêter mes six ans quand j'ai mes premiers contacts prolongés avec le milieu hospitalier. Comme beaucoup d'enfants de mon âge, je fais une appendicite. Après l'opération, je reste, comme prévu, deux semaines à l'hôpital. Ce qui n'était pas prévu, en revanche, ce sont les complications qui s'ensuivent. Je suis de nouveau opéré, cette fois pour une appendicite aggravée. Me voilà quitte pour deux semaines de plus d'hospitalisation ! Quelques jours seulement après ma sortie, je me sens vraiment très mal un soir, à la maison. Le médecin de garde nous rassure, ce n'est certainement rien de grave. Deux jours plus tard, je suis pourtant aux urgences pour une péritonite. Le chirurgien qui m'a opéré ce jour-là nous expliquera que, si nous avions attendu douze heures de plus, je ne serais plus là pour cracher sur ce médecin de garde bien négligent.

Au total, j'aurai passé deux mois dans une chambre d'hôpital cette année-là. Un palmarès que j'aurais évidemment bien conservé en l'état. D'autant plus que je n'en garde pas un si mauvais souvenir et qu'on me félicita pour mon courage. Dommage que papa ne soit pas venu me voir, il aurait été fier de moi. Apparemment, on ne lui avait pas donné l'autorisation de venir voir son fils en Belgique.

« On », c'est Christina. Moitié portugaise, moitié angolaise, Christina est mère de deux enfants. C'est une femme que je décrirais comme vénale, attirée par l'argent, le pouvoir, le luxe. Cela fait quelque temps maintenant qu'elle est en couple avec papa. Manipulatrice, jalouse, elle lui interdit de rendre visite à son fils hospitalisé. Assez effroyable comme réaction, mais c'est loin d'être la pire chose qu'elle lui fera. Christina n'en est alors qu'aux prémices de son machiavélisme.

Période tranquille, je disais ? Toujours pas... Un jour, maman vient me chercher comme d'habitude à la sortie de l'école. Je devine à son expression que quelque chose ne va pas. Elle me raconte que papa a de nouveau fait l'imbécile, qu'il a eu un accident très grave et qu'il est dans le coma. Je ne sais pas ce que c'est le coma. Elle essaie de m'expliquer. Elle me dit qu'il n'est pas mort, qu'il n'est pas parti pour toujours, que c'est comme s'il dormait. Comme s'il était très profondément endormi parce qu'il avait mal, vraiment très mal. Son douloureux sommeil durera plusieurs semaines.

Les circonstances exactes de l'accident, je crois que nous ne les connaîtrons jamais. Mais nous avons quelques pistes. Enfin, d'abord quelques soupçons et, très vite, des convictions. Ça faisait un moment déjà que papa avait des comportements bizarres. *Vovó* avait l'impression qu'il n'était plus vraiment lui-même et lui aussi semblait troublé par son état de santé. Elle en avait conclu que Christina devait y être pour quelque chose. Elle avait semble-t-il vu juste. Cette drôle de belle-mère semblait avoir pris l'habitude de faire ingérer à papa toutes sortes de médicaments sans qu'il s'en aperçoive. Elle le droguait, à tel point qu'il perdait parfois totalement le contrôle. Probablement comme lors de cette journée de juin 1991 où un simple tour en voiture le plongera dans un profond coma.

Mais Christina n'en reste pas là. À son réveil du coma, papa semble l'avoir oubliée. Il pense encore former un couple avec maman et est convaincu que nous vivons ensemble, tous les trois. Christina décide de l'interner dans un hôpital psychiatrique. Et, cela va sans dire, en prenant bien soin de ne pas en avertir la famille. *Vovó* fera des pieds et des mains, d'abord pour le retrouver et, ensuite, pour l'en sortir. Il lui faudra prouver que son fils n'est pas fou mais qu'il a été drogué. Une tâche difficile, mais à laquelle elle se livrera corps et âme. Sa mission accomplie, elle le ramènera à la maison, mais dans quel état !

Il est physiquement très affaibli, l'accident a laissé des traces. Et sérieusement atteint psychologiquement, le passage par l'institut psychiatrique, avec son lot de substances euphorisantes, laissera lui aussi son empreinte. Ses propos sont incohérents, il délire et sa maman doit s'occuper de lui comme s'il était retombé en enfance. Il a non seulement besoin d'être accompagné du matin au soir dans les gestes les plus simples, mais il doit aussi être surveillé en permanence.

Un jour, on ne le trouve plus dans sa chambre. Toute la famille le cherche partout. Il a disparu – évaporé. Heureusement, la police lui mettra rapidement la main dessus. Les agents le retrouvent sur une route, perdu, avec comme seuls et uniques vêtements... des bottes en caoutchouc. Il finira par se remettre, petit à petit. Mais j'ai le sentiment qu'il gardera toujours des séquelles psychologiques de son accident, qu'il ne sera plus jamais le même. Peut-être, déjà, parce qu'il ne tardera pas à retourner avec Christina – il n'a pas l'air d'en avoir tiré la moindre leçon.

Quand je vais au Portugal chez papa, elle invente toutes sortes de plans foireux. S'il doit s'absenter quelques heures, à son retour, elle lui raconte que j'ai fait des bêtises, que je l'ai insultée. Parfois même avec des mots que je ne connais pas en portugais ! Je crois qu'elle est jalouse de moi, de l'attention que papa me porte, et n'espère qu'une chose : qu'il prenne ses distances. Ils auront un enfant ensemble, João. Un demi-frère que je n'ai encore jamais rencontré.

Papa a repris les affaires. Que ce soit dans la restauration, le commerce de diamants, le trafic de motos... il est reparti sur des chapeaux de roue. Et je décide moi aussi de m'y mettre.

L'argent, cette chose abstraite derrière laquelle les adultes courent et qui semble leur procurer un plaisir singulier, m'attire beaucoup. Il faut que je parvienne moi aussi à en gagner. J'ai une idée. Je vais demander à maman de m'acheter des paquets de petits jouets en plastique, comme ceux que l'on trouve dans les Kinder surprise, et les revendre à l'école. La cour de récré est mon empire ; et mon petit business, une obsession bien vite lucrative. Je suis rapidement à la tête d'un beau petit capital. Le soir à la maison, j'empile minutieusement mes pièces de monnaie et les contemple avec satisfaction.

Désormais, si je veux m'acheter quelque chose de cher, quelque chose que maman me refuserait, je peux. Je viens de gagner mon indépendance financière. Enfin, je viens surtout de gagner l'indépendance financière imaginaire d'un enfant de huit ans. Mais je ne m'arrête pas là, il va falloir que je capitalise. Je serai donc prof de maths. Pas n'importe quel prof de maths : prof de maths à l'université. Il paraît que ça gagne vachement bien !

Rebondissement dans la saga paternelle. J'ai maintenant neuf ans quand, à la sortie de l'école, maman affiche la mine des mauvais jours. C'est papa. Il a de nouveau fait le con. Mais, cette fois, c'est en prison qu'il a atterri. Et il va y rester un moment. Maman m'explique brièvement que ce serait pour une histoire de sous, un versement qui n'aurait pas été correctement effectué, l'État ne serait pas très content. Enfin, un truc un peu compliqué que, de toute façon, à mon âge, je ne peux pas vraiment comprendre.

Avec maman et Adi, nous lui rendons visite dans sa prison au Portugal. On se croirait dans un film. On nous fouille à l'entrée, nous passons par des sas de sécurité et nous retrouvons dans une immense salle. Plus d'une centaine d'autres détenus sont eux aussi avec leurs familles. Super impressionnant. Au cours de la discussion entre papa, maman et Adi, j'entends des choses que je n'aurais peut-être pas dû entendre.

Il y a ce mot, « drogue », qui revient souvent, c'est bizarre. J'entends papa dire qu'au Portugal ils sont très durs avec toutes les affaires de drogue. Je ne sais pas ce que c'est que la drogue, mais je sens que c'est un mot pesant qui recouvre certainement quelque chose de grave. Je pars de là convaincu qu'on ne m'a pas dit toute la vérité.

Papa prend quinze ans ferme.

Je garde toute cette histoire dans un coin de ma tête. Papa, dans un autre pays, en prison, son cadeau tout pourri qu'il m'a offert quand je lui ai rendu visite, les deux lettres qu'il m'envoie chaque année… Je sais que tout ça existe, mais ça ne fait pas vraiment partie de mon quotidien et je n'en parle pas. Je n'en parle pas à l'école, ni à mes amis non plus. Et, pour tout dire, j'enfouis tout ça très profondément.

La vie à Bruxelles avec maman et Adi est très tranquille. Je suis enfant unique et plutôt gâté. Peut-être aussi que, pour faciliter nos relations, mon nouveau « beau-papa » a vite compris comment me faire plaisir. Souvent nous partons en voyage, ce que j'adore, mais Adi propose de plus des tas de destinations variées.

Décidément, il sait parfaitement comment traiter son bonhomme, celui-là !

Pour parfaire le tableau, il y a cette maison à la mer que maman et Adi décident d'acheter. Une maison dans un joli domaine, avec une aire de jeu commune, un lac... Un lieu idyllique, où nous prenons vite l'habitude de passer tous nos week-ends. Pour moi, ce nouveau territoire, c'est d'abord la scène idéale pour tous mes futurs exploits. Un terrain de jeu propice à mon imagination débordante, à mon irrémédiable envie de découverte et à mon inébranlable volonté de dépasser « mes », et surtout « les » limites. Je passe le plus clair de mon temps avec les autres enfants du domaine et on va vite commencer à faire les quatre cents coups.

Quatre cents, peut-être pas. Mais ils vont être nombreux. Le feu me fascine. Mais je ne saurai l'apprivoiser que petit à petit. Dans un premier temps, je me familiarise avec les pétards. C'était la mode à l'époque. Les fusées, les pétards, tout ce qui explose m'éclate. Et évidemment, pour pouvoir allumer des pétards, il faut du feu, pardi !

Pour allumer tout cet arsenal, j'ai souvent un briquet en poche. Un objet fascinant, qui va malheureusement vite se révéler trop dangereux pour moi. Je raconte à maman que je vais jouer avec des pétards sur le parking, mais avec mes petits acolytes, on se retrouve à brûler à peu près tout ce qui nous passe entre les mains. Herbe séchée, vieilles plantes, arbres... tout ce qui peut prendre feu facilement, mais surtout de manière spectaculaire.

Au cours d'un été particulièrement sec, je fais brûler un jour quelques brindilles au bord d'un champ de mûres complètement desséché. Presque instantanément, c'est tout le champ qui s'embrase et les flammes m'encerclent. Je n'ai aucune issue. Je panique. Maman et Adi, qui ne sont pas très loin, se rendent compte de la situation et appellent les secours. Quatre camions de pompiers déboulent sur place et me tirent des flammes. Je n'ai jamais autant flippé.

Enfin, c'est ce que je croyais, jusqu'à ce que maman me donne la correction de ma vie à mon retour à la maison. Une baffe en pleine gueule dont je me souviendrai longtemps. Finalement, on ne s'en est pas trop mal sorti. L'assurance, heureusement, est intervenue en notre faveur. Sans mauvais jeu de mot, on a vraiment eu chaud. Mais apparemment, pas encore assez pour moi, petit con que je suis, parce que, je l'avoue honteusement, l'incident ne m'empêchera pas de recommencer…

Ces mêmes conneries, et puis toutes les autres aussi. À peu près tout ce qui m'était interdit à l'époque faisait partie intégrante de mon planning : sortir du domaine, désobéir aux professeurs, faire le con en classe… À l'école, j'étais vraiment infernal, mais les professeurs m'aimaient bien. Et, alors que je ne me fatiguais pas beaucoup, j'avais de très bonnes notes. Ce qui fait qu'au bout du compte maman et Adi me passaient mes écarts et étaient indulgents avec moi.

Mon année de 6e sera marquée par un autre tournant dans notre vie. On déménage. On quitte notre appartement du centre-ville pour une maison dans un quartier beaucoup plus tranquille et résidentiel, Haren. C'est toujours Bruxelles, mais avec les avantages de la campagne et la liberté qui l'accompagne. Je me réjouis de ce changement.

4

Fini de plaisanter

Il y a moins de voitures, moins de trafic, et je peux sortir allègrement de la maison pour aller jouer dehors. « Jouer dehors », disons plutôt « traîner dehors », glissement sémantique oblige – je viens d'entrer au collège.

Je quitte donc la petite école Notre-Dame, où je faisais partie de la très prisée bande des grands, et rejoins Saint-Dominique, où je viens garnir le beaucoup moins populaire clan des petits morveux. Quelle merde ! J'étais le king, et voilà que je dois tout recommencer. De plus, cette nouvelle école à l'enseignement dit « poussé » n'a vraiment pas l'air d'avoir une politique très flexible. Il paraît qu'on ne peut même pas sortir à midi. À l'exception des élèves d'avant-dernière ou de dernière année. Je voudrais déjà y être.

Premier jour à l'école et premier coup de cœur : Maroussa. Elle est grecque, elle est dans ma classe et elle deviendra vite ma meilleure amie. Elle l'est toujours aujourd'hui d'ailleurs. Rapidement, avec d'autres élèves de la classe, on forme une vraie bande de potes. On est uni, soudé, et on le restera pendant de nombreuses années. On se voit après l'école, on traîne ensemble les mercredis après-midi, les week-ends. Six filles et six garçons, l'harmonie est totale.

À côté de ça, je continue à voir mes potes de primaire. Avec eux, c'est ma glorieuse période du « cap' ou pas cap' ? ». Putain, qu'est-ce que j'étais bon ! Rien ne m'arrêtait. C'était même tout le contraire. Plus l'obstacle était haut, plus le défi était risqué, plus j'aimais ça. Je me rappelle cette fois où je me suis couché entre deux voies de chemin de fer et ai attendu que le train passe.

Je me souviens très bien de l'attente, de l'angoisse qui montait en moi à mesure que le sol tremblait de plus en plus violemment à l'approche du train, je me rappelle ce que j'ai ressenti quand il est passé à toute allure à seulement quelques centimètres de mon visage. Je ne sais pas si c'est l'adrénaline ou le fait de pouvoir me vanter de mes exploits qui me donnait chaque fois plus envie de retourner flirter avec ma chérie du moment, la mort. Quelles que soient mes motivations, j'y retournais avec un désir toujours plus fort.

Mais la vie me réservait encore d'autres surprises. Dès l'âge de treize ans, je découvre de nouvelles voies d'accès à ces « états de conscience altérée » que je convoite tant. C'est l'époque des premières bières, des premières clopes, des premiers joints. L'époque des premières soirées entre potes où la perte de contrôle et l'euphorie sont les maîtres mots. Ces activités nocturnes auxquelles nous nous adonnions avec toujours plus de ferveur étaient réservées à nos aînés. Un argument de plus pour que je devienne un adepte de ces disciplines. Et, très vite, un athlète émérite.

À la même époque, je fais une rencontre qui va bouleverser ma vie. Il s'appelle Jimmy, il a seize ans et il habite le quartier. On sympathise et il vient me chercher à la sortie des cours à Mobylette. Je vois encore les autres me regarder chevaucher son petit bolide alors qu'ils reprennent discrètement le chemin de la maison à vélo. Surtout, c'est Jimmy qui va me présenter les « Italiens » : Salvatore, Giuseppe et un autre Giuseppe qu'on appelle « petit Giu ». Toute une bande de potes qui habite à peu près à cent cinquante mètres de chez moi. Ils ont seize ou dix-sept ans et me prennent pour le petit con de service. À raison d'ailleurs, mais je n'ai pas dit mon dernier mot.

Cette année-là, en Espagne, je vis ma première expérience sexuelle. Autant le dire tout de suite : c'est un fiasco complet. D'abord, je ne sais absolument pas comment m'y prendre. S'ajoutent à cela des problèmes de communication – je parle à peine quelques mots d'espagnol. Et enfin, cerise sur le gâteau, ma dulcinée a un copain depuis environ un an et demi. Et c'est au milieu de mon acte déjà manqué qu'elle se met à culpabiliser et éclate en sanglots. L'épisode, catastrophique, ne dure que trois – interminables – minutes. Il va vite falloir que je me rattrape.

Je mets toutes les chances de mon côté. On est au mois de juin, j'ai eu quatorze ans et l'année scolaire touche à sa fin. Avec notre bande de potes de Saint-Dominique, on se dit que ce serait super d'organiser une petite fête de fin d'année entre nous, une soirée où on pourrait boire de l'alcool et fumer des pétards. Pour déconner, j'enchaîne : boire, fumer et... baiser ! Ils me prennent au mot ! Aurélie nous dit que ses parents sont partis pour le week-end et que sa maison dotée de multiples chambres sera l'endroit parfait. On en vient très vite aux aspects pratiques.

À l'époque, nous sommes tous vierges. Du moins, toutes les filles le sont. Et les garçons ont très peu d'expérience. Ou, comme moi, une expérience ratée qu'il est grand temps de reléguer au passé. On est six filles, six garçons, c'est parfait ! Personne n'ayant d'attirance particulière pour l'un ou pour l'autre, nous formons les couples arbitrairement, mais tout le monde semble satisfait. Le jour J arrive enfin et les filles nous attendent chez Aurélie.

Sur le chemin qui nous mène à notre paradis terrestre, on est quand même convaincus que le plan – assez osé, il faut bien le reconnaître – doit probablement avoir fait flipper les filles et qu'elles se seront certainement dégonflées. Nous nous attendons finalement à passer une soirée plutôt classique et calmons nos ardeurs. Mais on restera bouche bée en franchissant le seuil de la porte. Les filles arborent des tenues plus aguichantes les unes que les autres. Décolletés sexy, lingerie fine... la nuit s'annonce mémorable !

Préliminaires de rigueur – on veut faire ça correctement quand même –, on commence par boire et fumer dans le salon. Puis, très vite, les duos, tels que prévus dans le cahier des charges, se forment. Les caresses se font de plus en plus pressantes et chaque couple gagne la chambre qui lui a été attribuée. On entend des rires, des éclats de voix. Ça se tripote… Ça se tripote, ça déconne, mais ça ne baise pas beaucoup ! On finit par tous redescendre dans le salon. On se fend la gueule en écoutant les récits plus ou moins burlesques des uns et des autres. La seule qui aura été jusqu'au bout ce soir-là, c'est Maroussa. Quant à moi, je comptabilise désormais une deuxième tentative avortée. Ça craint !

On réussit tous nos examens cette année-là. Mais, entre les déménagements et les changements d'école, la bande va tout doucement se disperser. On s'est revu quelques fois les années suivantes. Et on s'est à chaque fois rappelé cet épisode avec le même sourire amusé que celui que nous arborions au crépuscule de cette inoubliable nuit de juin 1997.

Grand changement aussi du côté des Italiens. La quatre-roues fait son apparition dans nos vies et apporte avec elle son lot de privilèges. Giuseppe et sa voiture donnent à nos virées un nouvel élan. Nous ne sommes plus obligés de traîner dans le quartier, de picoler dans les bars à côté de la maison. À nous la ville, les boîtes de nuit, les sorties jusqu'aux petites heures du matin !

À quatorze ans, et même en comptant sur leur grande ouverture d'esprit, maman et Adi ne me laisseront jamais sortir en boîte. Pas de souci, je leur raconte que je vais dormir chez un pote et, comme à leur habitude, ils me font confiance. Ni vu ni connu. Le plan est parfait et le plaisir que j'en tire, immense. Tout mon argent de poche y passe, mais je m'en fous. Un nouveau monde s'ouvre à moi et il semble m'être destiné. Il est délirant, trépidant, toujours plus excitant. Et, même s'il me donne parfois la nausée, je compte bien en faire le tour.

À Saint-Dominique, rien ne va plus. Ça ne leur suffisait plus de me traiter de pédé parce que je refusais d'adopter leur style grunge tout déprimant (les Italiens m'avaient appris à m'habiller avec classe et on ne jouait vraiment pas dans la même cour), voilà que j'apprends qu'il n'y a pas de cours d'espagnol !

Moins strict, plus branché et proposant espagnol en option, c'est décidé, je ferai mes deux dernières années de secondaire à Jean-XXIII.

5

Les jeux sont faits

On est le 9 mai 1999 et la journée démarre bien. Aujourd'hui, c'est la fête des Mères, il est quatorze heures, je viens de me réveiller. Des rayons de soleil passent à travers les rideaux et viennent me chatouiller le visage. Ils m'invitent à les rejoindre à l'extérieur, j'arrive ! Après avoir avalé plusieurs gorgées d'eau, histoire de faire passer l'alcool ingurgité la veille, je me lève et descends prendre le petit déjeuner.

Encore une belle soirée hier avec les Italiens et Jimmy. On est sorti au *Paladium*, une discothèque à la mode où on passe de la trance, où on s'éclate sur une piste tournante et sur leurs délirants podiums en forme de cages. Heureusement que je continue à bien réussir à l'école. Je ne travaille toujours pas de manière assidue pendant l'année, mais grâce à ma mémoire infaillible, réviser les cours avant les exams me suffit. J'espère que mon rêve de devenir reporter sera ainsi accessible ! En tout cas, grâce à mes résultats scolaires plus que satisfaisants, maman et Adi me laissent profiter des virées nocturnes, et je les prends au mot. Je n'aurais évidemment jamais imaginé que je venais de passer la dernière soirée... sur mes deux jambes.

Je descends les marches de l'escalier qui mène au corridor et à la porte d'entrée. Une fois encore, les rayons du soleil me font vivre pendant un court instant un moment de douceur annonciateur d'une belle journée. J'arrive dans le salon et croise maman, qui me salue. « Bonne fête, maman ! » Je lui tends un bouquet de fleurs que j'ai acheté la veille et caché dans ma chambre.

Elle semble heureuse. Elle m'embrasse, me remercie et me demande si j'ai passé une bonne soirée. Elle ne manque pas au passage de me rappeler qu'il est quatorze heures et que je ferais mieux de profiter davantage de mes journées le week-end, plutôt que de jouer à l'oiseau de nuit. Je me dirige vers la véranda, où m'attendent deux petits pains au chocolat. Je me verse un verre de jus d'orange et m'installe à table. Adi est dans la cour et me salue de la main, il s'occupe des plantes.

Qu'est-ce que je vais bien pouvoir faire de ma journée ? Plus tard, je vais appeler les potes, voir qui est réveillé et surtout en état de bouger. Après ma douche, je prends un peu l'air dans le jardin. En passant devant le garage qui se trouve entre la cour et le jardin, j'aperçois la moto d'Adi garée presque sur la rue. Il vient apparemment de la laver. Il a probablement dû aller faire un tour ce matin alors que j'étais encore dans les bras de Morphée.

J'ai un scooter dernier cri à cette époque. Maman et Adi me l'ont offert pour mes seize ans et en récompense de mes bons résultats scolaires. Ils ne gagnent pas des fortunes mais, sans vouloir faire de moi un enfant pourri gâté, ils font tout pour me faire plaisir. Un scooter, c'est pas mal, c'est vrai. Mais Salvatore, lui, a déjà une petite moto-cross de cinquante centimètres cubes. Il me la prête de temps en temps et c'est avec lui que j'apprends à rouler sur une moto à vitesses. Je dois rester modeste, je suis vraiment loin d'être un pilote expérimenté. À quelques rares occasions, Adi m'a laissé rentrer sa moto, une Kawasaki KLE de cinq cents centimètres cubes, dans le garage et j'ai alors expérimenté la sensation unique que procure un tel bolide. C'est quand même autre chose !

La maison que nous habitons à Haren est située dans une petite rue d'une centaine de mètres qui termine en cul-de-sac. Notre jardin en longe une grande partie et il y a donc très peu de passage. Ce matin, j'ai bien envie de faire un tour avec cette belle moto pour sentir ce qu'elle a dans le ventre.

Maman est à l'étage et Adi, dans le salon. Je lui demande si je peux lui emprunter sa moto quelques minutes pour rouler calmement dans la rue devant chez nous. Il hésite, mais finit par accepter en me rappelant de surtout bien faire attention, de ne pas rouler vite et de mettre mon casque. Je lui réponds que c'est noté et, ni une ni deux, je me dirige à l'extérieur. Les clés de la moto à la main, je prends mon casque dans le garage et j'enfile la bécane. Je me sens fier et, instantanément, j'ai envie de me montrer au volant de ce bel engin.

Après avoir fait deux ou trois allers-retours dans notre rue, à vitesse réduite pour ne pas faire trop de bruit, j'ai la brillante idée de me dire que de la maison à chez Salvatore il n'y a qu'un pas et que j'y serai en une minute sans que ma mère ou Adi ne s'en rendent compte. Je passe devant la maison en roulant tout doucement et m'éloigne de plus en plus. Une fois arrivé à une distance suffisante, je décide de faire un petit détour pour emprunter une ligne droite et enfin tester la puissance de ce que j'ai entre les jambes.

Le quartier est tranquille, c'est un beau dimanche après-midi et les gens profitent de leur jardin. Il n'y a personne sur la route et je décide de mettre le turbo. En quelques secondes à peine, je me retrouve à plus de 100 kilomètres-heure et je parviens même à faire un freinage court en fin de rue. J'ai l'impression de bien maîtriser la moto et je me sens prêt à aller faire le malin devant les potes. Il faut que j'aille voir Salvatore. Lui qui m'a enseigné les bases serait bien surpris des progrès de son élève. Il habite à deux pas, c'est parti !

J'arrive devant chez lui et sonne à la porte. Son père vient ouvrir. Je lui fais la bise et lui demande si Salvatore est là. Il me répond d'un air agacé qu'il dort encore. Un grand classique des lendemains de veille, Salvatore a toujours aimé dormir jusqu'à très tard dans l'après-midi. Son grand frère, Giuseppe, vient juste de se réveiller et prend son café. Son père va le chercher.

Giuseppe arrive et remarque immédiatement la moto garée devant l'entrée.

– Waouh ! C'est toi qui est venu avec ça ?, me lance-t-il, emballé.

Ça y est, j'ai déjà obtenu l'effet escompté ! J'ai réussi à impressionner un Italien.

– Alors, elle trace ?

– Et comment, vieux ! C'est une petite bombe. En quelques secondes, je suis monté à cent cinquante !

C'est plus fort que moi, j'exagère, juste histoire de rendre les choses encore un peu plus excitantes. Il referme la porte de la maison et me rejoint dans la rue.

– Vas-y, laisse-moi la conduire !

– Non, t'es fou, j'peux pas ! Mes parents ne savent même pas que je suis là. C'est déjà assez chaud comme ça. Si la police me contrôle, j'suis dans la merde. Et tu sais bien que le commissariat n'est pas loin.

– OK, mais alors laisse-moi monter derrière toi.

Fort heureusement pour nous deux, j'ai encore à ce moment-là un minimum de présence d'esprit.

– Non, laisse tomber, c'est trop dangereux. S'il y a un contrôle de flics, je suis foutu.

Au lieu d'en rester là et de rentrer sagement chez moi en espérant que maman et Adi n'aient pas remarqué mon absence prolongée, je me dis que je ne peux pas laisser Giuseppe déçu de mon escapade. Je lui dis alors que s'il veut vraiment voir ce qu'elle a dans le ventre, je peux passer à 200 kilomètres-heure devant lui. Bien évidemment, il me prend au mot. Mais ni lui ni moi ne pensons au fait que sa rue, où la vitesse est limitée à 30 kilomètres-heure, n'offre pas une bonne visibilité pour ce genre de démonstration.

Je roule jusqu'au bout de la rue, à proximité du poste de police, et jette un coup d'œil pour voir si aucun agent ne se trouve devant le commissariat. Personne en vue, je fais alors demi-tour et vérifie que la voie est libre en contresens. Je m'arrête un instant et me dresse sur la moto pour bien observer la rue. Elle est assez étroite, présente une ligne droite sur environ quatre cents mètres, ensuite c'est la maison de Giuseppe, qui se tient devant le porche, et, un peu plus loin, il y a un léger tournant qui donne sur une nouvelle ligne droite en descente. Parfait.

Mon but est simple : atteindre 200 kilomètres-heure devant Giuseppe et freiner juste avant le tournant, pour ensuite reprendre une belle ligne droite à fond la caisse, si aucune voiture n'arrive à contresens. Je me concentre et je passe la première vitesse. Je me mets en position semi-couchée et j'accélère le plus possible. Mon manque criant d'expérience se fait ressentir et le moteur de la moto rugit de plus en plus fort à mesure que je passe les vitesses.

Je me souviens de ce moment d'adrénaline, ce moment où plus rien d'autre au monde n'a d'importance. Je suis dans ma bulle et je vis une sensation des plus extrêmes. Arrivé à la moitié de la rue, je passe le cap des 100 kilomètres-heure et je décide d'accélérer encore sinon je n'atteindrai pas mon objectif. Maudits soient la fierté et l'amour des sensations fortes qui me poussent à commettre un acte aussi stupide. En arrivant devant Giuseppe, à 180 kilomètres-heure, en voulant freiner pour amorcer le virage, je perds le contrôle de la moto et viens m'encastrer de plein fouet dans le mur de la maison à l'angle du virage.

Les dernières images dont je me souvienne, ce sont les maisons qui défilent de part et d'autre de la rue. Un enchaînement tellement rapide qu'il m'a tétanisé au moment de devoir freiner. Face à moi, j'ai vu arriver la façade à toute allure et réalisé instantanément que ce qui allait se passer allait être très grave. J'apprendrai par la suite que beaucoup de gens du quartier ont entendu le bruit assourdissant de ma pointe de vitesse et celui de la violente collision.

Giuseppe n'a pas vu l'impact. Je suis tombé après être passé devant chez lui, au début du virage. Mais il comprend très vite qu'il va certainement me retrouver dans un sale état. Il se précipite et me retrouve allongé sur le sol, la moto à quelques mètres de moi, complètement défoncée, la visière explosée et des éclats de verre éparpillés un peu partout.

Je suis à peine conscient, mon casque est totalement arraché à l'avant, mais encore accroché à ma tête. Je tiens un bras le long de mon ventre et je perds du sang. Giuseppe crie au secours et les voisins, alarmés, sortent aussitôt de chez eux. Le père de Giuseppe appelle une ambulance. En quelques instants, c'est l'attroupement. Tout autour de moi, on se demande ce que j'ai, si c'est grave, si je vais mourir.

Les ambulanciers arrivent sur place, suivis de peu par Salvatore, qui a fini par se réveiller. Mon état est critique, je respire difficilement et arrive à peine à gémir. J'essaie de crier ma douleur, mais seuls quelques sons inaudibles sortent de ma bouche. Mes vaines tentatives me font horriblement souffrir, mais je m'obstine. Après m'avoir très délicatement retiré mon casque, les ambulanciers me placent une minerve et un corset avant de me coucher sur le brancard. Giuseppe demande à son frère d'aller prévenir mes parents. Salvatore s'exécute.

Arrivé devant chez moi, dans un état de stress aigu, Salvatore sonne à la porte. Adi vient lui ouvrir.

– Salut, Adrien. J'ai une mauvaise nouvelle. Alex a eu un accident avec ta moto. Ce n'est pas très grave, mais est-ce que tu peux venir voir ?

Le sang d'Adi se glace immédiatement.

– T'es sûr que ce n'est pas trop grave ?

– Oui, je pense bien. Les ambulanciers sont là pour s'occuper de lui et mon frère est là aussi.

Adi entre précipitamment dans le salon et explique brièvement à maman que j'ai eu un souci avec la moto et qu'il va aller voir, qu'elle doit attendre à la maison le temps qu'il la tienne informée. Bien entendu, maman se fait un sang d'encre. Quand je pense que c'était la fête des Mères !

Une fois arrivés sur place, Adi et Salvatore ne voient plus l'ambulance qui me prenait en charge, mais des patrouilles de police, et il y a du monde. L'un des responsables de la police informe Adi que j'ai été transporté à l'hôpital dans un état grave et qu'il va falloir qu'il reste un moment sur place pour remplir des papiers et expliquer ce que je faisais sur cette moto lui appartenant. Après avoir indiqué à Salvatore dans quel hôpital je serai transporté, le commissaire commence à interroger Adi et à dresser le procès-verbal.

Pendant ce temps-là, Salvatore téléphone au quatrième mousquetaire de notre mémorable soirée de la veille, le petit Giu. Salvatore lui explique ce qui s'est passé et dans quel hôpital je me trouve. Il lui demande s'il peut passer chercher maman pour s'y rendre.

Arrivés aux urgences, ma mère et le petit Giu reçoivent comme consignes de patienter dans la salle d'attente, car je subis des examens. Ils ne savent pas encore que j'ai développé de graves complications dans l'ambulance. Que je n'ai plus pu respirer et que les ambulanciers ont dû m'intuber. Quarante minutes plus tard, Adi, Salvatore, Giuseppe et Véronique, sa copine, les rejoignent. Adi demande s'il y a du nouveau. Toujours rien…

Tous sont réunis et prient pour que je m'en sorte. L'attente est insoutenable. Maman est dans tous ses états. Son fils unique… Adi essaie tant bien que mal de la réconforter en lui disant que tout ira pour le mieux. Giuseppe confie à Véronique qu'il s'en veut, qu'il se sent fautif, qu'il m'a accompagné dans mon délire. Le petit Giu, qui n'a pas été témoin de l'accident, se dit que j'ai certainement quelques membres cassés et de belles contusions, mais que je devrais m'en sortir. Salvatore, qui était là après la chute, se demande si mes jours sont en danger.

Environ deux heures plus tard, un homme se dirige vers eux. Il a une cinquantaine d'années, les cheveux grisonnants, et porte une longue blouse blanche qui laisse imaginer qu'il est chirurgien. Il demande à maman et Adi de l'accompagner dans son bureau. Il n'est pas très souriant, ça ne rassure personne.

Maman s'empresse de lui demander si tout va bien. Il lui répond qu'il va tout leur expliquer et que mes amis sont priés de rester dans la salle d'attente. Ils ont un mauvais pressentiment. Maman, Adi et l'homme en blanc s'éloignent. Les potes se regardent, terrifiés. Personne ne bronche. Ils ne savent pas quoi penser et craignent le pire.

Soudain, ils entendent un grand cri et des éclats de verre, c'est maman. Giuseppe et Salvatore, les deux seuls à m'avoir vu au moment de l'accident, s'écrient : « Oh, putain ! Il est mort... » Véronique éclate en sanglots. Le petit Giu retient ses larmes et enfouit son visage entre ses mains. Ils entendent les hurlements incessants de maman ; pour eux, c'est sûr, j'ai passé l'arme à gauche.

Quand maman et Adi sortent du bureau, maman est hystérique. Elle bouscule tout, casse tout sur son passage. Elle finit par les rejoindre et leur dit : « Alex est entièrement paralysé et risque de mourir d'un moment à l'autre. » Adi aussi est en pleurs. Il essaie de la prendre dans ses bras, mais elle ne reste pas en place. Mes amis sont immobiles, le temps s'est arrêté.

Le chirurgien n'a pas pris de gants pour leur expliquer la situation. « Madame, votre fils a subi un choc très important, il a de très nombreuses fractures, dont neuf vertèbres de la colonne, sa moelle épinière est sectionnée, il sera paralysé à vie. Ses côtes ont perforé ses poumons et nous allons devoir l'opérer pendant plusieurs heures pour essayer de le sauver. Son état est grave et je ne peux malheureusement pas me prononcer sur le verdict final, mais nous ferons de notre mieux pour le sauver. Sachez toutefois que le cerveau n'est pas atteint. S'il s'en sort, il ne sera probablement pas capable de bouger les bras, il ne sera donc plus jamais autonome et devra être assisté tout le reste de sa vie. Je suis navré. »

Le chirurgien leur explique à tous que ça ne sert à rien de rester à attendre à l'hôpital. L'opération va durer un moment. Dès que tout sera fini, ils seront avertis. Maman lui répond qu'il est hors de question qu'elle s'en aille. Elle ne bougera pas.

6

Le réveil n'a pas sonné

Je suis plongé dans un profond coma. Pendant deux semaines, mon esprit emprunte des chemins tortueux et s'exprime sous forme de songes : trois rêves récurrents, témoins de l'incident, interprètes de ma condition et prophètes de mon état. J'y reviendrai en détail un peu plus tard, mais je suis sans voix face à l'ingéniosité des rapports qu'entretient notre enveloppe corporelle avec notre pensée. C'est tout simplement fascinant.

Ce qui se passe pendant ce temps-là, dans cette chambre de soins intensifs de l'AZ VUB autour de ce corps amorphe et de cette conscience en orbite, on me le racontera par la suite. Je ne saurai rien du défilé qui se déroule à quelques centimètres de moi et dont je suis pourtant l'invité d'honneur. Famille, amis… tous vont se relayer sans jamais montrer le moindre signe d'affaiblissement. Visites parmi lesquelles se glisse, aussi inattendue qu'inespérée, celle d'un convive de marque et remarqué : papa.

Hasard du calendrier et drôle de coïncidence, quand maman appelle le Portugal pour prévenir la famille de mon accident, papa vient tout juste de sortir de prison. Grâce à une remise de peine pour bonne conduite, il ne passera que huit années derrière les barreaux sur les quinze prévues. Sa libération se fait sous condition, comme celle de ne pas quitter le territoire, mais, me sachant entre la vie et la mort, la justice portugaise se montre clémente et il obtient une dérogation de quatre jours. Je n'en verrai rien.

D'autres membres de la famille manqueront à l'appel. Maman refusera par exemple que ses parents viennent me rendre visite. Elle dit qu'ils sont trop âgés, que ce n'est pas si facile de les déplacer, mais elle veut surtout leur épargner cette expérience terrifiante.

Il faut quand même se rendre compte de l'état dans lequel j'étais. Je suis dans le coma, intubé, j'ai une minerve, un corset, des blessures et des escarres sur chaque centimètre de peau, des baxters, des drains dans les poumons pour en évacuer le sang et des fils qui entrent et sortent des quelques zones encore épargnées… La vision est épouvantable. Mais elle n'empêche pourtant pas les plus téméraires, pour me témoigner leur affection, de faire le pied de grue et de profiter des deux fois vingt minutes de visite permises par jour.

Parmi les potes, ce sont surtout les plus âgés qui viennent me voir : Jimmy et les Italiens. Je ne les connais pas depuis très longtemps, seulement un an et demi finalement, mais ce sont eux qui vont être le plus présents. Giuseppe, par exemple. C'est vrai que c'est sous ses yeux que je me casse la gueule et il se sent partie prenante dans l'histoire. En fait, il s'en veut terriblement.

Il culpabilise et pense que c'est parce qu'il m'a charrié que j'ai fait le malin. Que, sans lui, rien de tout ça ne serait arrivé. Que nous devrions être en train de peaufiner le planning des vacances que nous avions prévues à Ibiza, et pas de prier pour que je me réveille. Et ce, même s'il avoue que l'idée de mon réveil le tétanise. Il pense que je le tiendrai pour responsable et ne voudrai plus jamais lui adresser la parole.

Mes autres potes, ceux de Saint-Dominique, viendront un peu au début. Surtout Maroussa. Mais on se voyait moins ces derniers temps et, naturellement, ils prennent un peu leurs distances. Ma nouvelle bande de potes de Jean-XXIII, où je ne suis que depuis quelques mois, apparemment très touchés par ce qui m'est arrivé, se rendra aussi à mon chevet, mais plus tard.

Les médecins prennent souvent le soin de rappeler à mes proches ma condition, car il est très dur pour eux de l'accepter pleinement. Mes cervicales sont touchées et je serai tétraplégique, il n'y a pas d'autre issue. Je pourrai probablement bouger un peu les bras, mais je ne serai plus jamais indépendant, je ne serai pas autonome et resterai sous assistance. À chaque fois, c'est comme s'ils entendaient le diagnostic pour la première fois. À chaque fois, ces paroles leur font l'effet d'une bombe.

Et comme si ça ne suffisait pas, alors que je suis toujours dans le coma, les choses se compliquent encore un peu plus. Je développe des infections et je chope une pneumonie. Je m'en remets et tout de suite après je dois subir une intervention lourde à la colonne vertébrale. Ils voudraient m'opérer plus, mais placer une plaque au niveau de mes cervicales est le minimum qu'ils puissent faire. Mon cœur est fragile, mes poumons perforés, je fais état de multiples fractures et une opération de plus grande envergure est beaucoup trop risquée.

Et c'est dans cet état lamentable que je vais tout doucement me réveiller. Mes premiers souvenirs sont flous et confus. Je me réveille par épisodes. À chaque fois, c'est une expérience douloureuse. J'entends des voix que je ne distingue pas. Je ne sais pas si c'est un homme ou une femme qui s'adresse à moi. Je ne comprends rien à ce qui m'arrive. J'ai mal, je ne parviens pas à reprendre mes esprits, je délire, je pleure constamment, je gémis, j'ai de grandes difficultés à parler. Je suis à la limite de ce qui est physiquement supportable. Pourtant, les infirmières diminuent les doses de morphine avant les visites. Je dois être à peu près conscient si je veux pouvoir interagir, c'est l'horreur.

Mon premier souvenir un peu plus net et un peu moins cauchemardesque, c'est de voir arriver maman, suivie d'Adi. Mais je distingue d'autres ombres derrière eux. Ce sont les Italiens et Jimmy. Ils se précipitent et me font la bise. Ils me font la bise ! Je n'en reviens pas. Combien de fois ne leur ai-je pas demandé de me faire la bise à moi aussi. Apparemment, une marque de reconnaissance et d'appartenance, un genre de rituel réservé aux caciques qu'ils m'avaient jusque-là toujours refusé.

Ce que je ne comprends pas tout de suite, c'est que quand ils se sont penchés pour m'embrasser, par réflexe j'ai essayé de lever la main pour la leur tendre, sans y parvenir. M'embrassent-ils parce qu'ils veulent marquer mon intégration ou parce qu'ils connaissent la gravité de ma situation ? Ce sont des questions que je me poserai. De toute façon, je m'en fous des raisons. Cette fois-ci, c'est bon, j'suis dans la bande ! Mon premier souvenir heureux.

Mais c'est bien le seul. Les quatre à cinq jours qui suivent mon réveil vont être tout simplement abominables. Je délire en permanence, j'entends des voix, je vois des monstres, je demande constamment aux infirmières de remettre ma tête sur mon corps. En fait, j'ai l'impression qu'on m'a volé mon corps parce que je ne le sens pas. Je ne suis qu'une putain de tête et elle part en couille. Je continue à faire les mêmes rêves que je faisais quand j'étais dans le coma, je vois l'eau qui monte dans la pièce et j'ai l'impression que je vais me noyer. Je ne sais jamais si on est le jour ou la nuit. Ces quelques jours vont être une longue succession de délires, malheureusement loin de ceux derrière lesquels je courais étant jeune et qui me faisaient bien marrer.

Parmi les souvenirs les plus douloureux de cette période de convalescence, bien haut dans le classement : la sonde qu'on m'enfonce régulièrement dans le nez ou dans la gorge. Cet objet éminemment intrusif est censé m'aspirer les glaires. Je ne peux en effet pas tousser tout seul et on ne peut pas m'aider en appuyant sur mes poumons puisqu'ils sont perforés. À mes yeux, c'est surtout l'incarnation du mal et de la souffrance.

J'ai le sentiment qu'on m'aspire littéralement l'intérieur du corps. Un geste répété presque toutes les heures et qui me vaudra à chaque fois d'inconsolables crises de larmes.

Bien placé aussi dans le top des faits les plus marquants tant ils sont traumatisants : la vision unique. Dans mon état, il est inenvisageable de me redresser, et ça n'a l'air de rien comme ça, mais je mets au défi quiconque d'avoir le plafond comme seule et unique fenêtre sur le monde sans devenir complètement fou. Ah oui ! Et j'oubliais le bruit constant des machines qui me maintiennent en vie ou m'apportent la preuve irréfutable que je le suis encore. Ce bruit incessant me fait plus penser à celui des entrailles de l'enfer. Alors, cap' ou pas cap' ?

Progressivement, l'équipe médicale commence à me donner des détails sur les circonstances de l'accident et je crois qu'ils essaient aussi de me faire réaliser l'ampleur des dégâts. Moi, je sais que je me suis cassé la gueule à moto, mais je ne m'en souviens que partiellement. Ce qui est sûr, c'est que je ne me suis pas raté, mais ce qui l'est encore plus, c'est qu'il n'y a pas de quoi paniquer. Je passe par la phase la plus difficile, encore quelques jours et les douleurs vont s'atténuer, ça va aller.

Bon, pas tout de suite apparemment. J'ai à nouveau de grosses complications et me voilà de retour sur le billard. Cette fois-ci, les chirurgiens n'ont plus le choix et me placent une tige en métal tout le long de la colonne. Étonnamment, je me remets assez vite de cette deuxième opération. Et enfin, un long mois après mon accident, je commence à reprendre mes esprits. Ça y est, je le sens, je suis sur le chemin de la guérison. Je devrai certainement faire un peu de kiné, mais je commence à voir le bout.

Ah ! Je pense déjà à mon retour à l'école et comment je vais faire le malin en montrant mes cicatrices. « Un de ces accidents de moto d'anthologie », je vais leur dire. J'imagine déjà leurs têtes !

7

Une putain de gueule de bois

Forcément, je me rends compte que je ne bouge pas. Mais c'est à ça que va servir la kiné, non ? Je suis totalement inconscient de la gravité de mon état. Un événement va pourtant me mettre la puce à l'oreille : les vacances à Ibiza avec les Italiens et Jimmy.

Ce voyage, organisé depuis plusieurs mois déjà, nous l'attendions avec la plus grande impatience. Deux semaines au soleil, sans les parents et, qui plus est, sur la terre sainte de la fête. Je ne pense qu'à ça. Et dans ma tête, même si je ne serai peut-être pas au top de ma forme, c'est clair : on y va ! Maman va vite réduire mon unique source de réjouissance à néant. Elle me dit que je peux faire une croix sur Ibiza, que je serai encore à l'hôpital, mais que, de toute façon, personne n'y va, le voyage est annulé.

Annulé ? Quoi, ils n'y vont pas non plus ? Ils veulent rester près de moi. Étrange… Ils pourraient très bien y aller sans moi et, à leur retour, me faire baver avec le récit de leurs exploits. Non, vraiment, quelque chose de bizarre se trame. Et puis, plus le temps passe, plus je commence à le trouver long et je n'ai toujours pas fait de progrès.

Après un mois et demi d'hospitalisation, mon état est stable et je quitte les soins intensifs. Je me retrouve dans une chambre que je partage avec un trauma-crânien. Un type qui part complètement en couille et qui fait de ma vie, si ce n'était pas déjà le cas, un véritable enfer. Il n'arrête pas de crier, il se réveille au milieu de la nuit et gueule de plus belle. Au début, on en rigole avec maman, histoire de détendre un peu l'atmosphère, mais ça devient vite insupportable.

Je n'arrive pas à dormir, je suis crevé tout le temps, il ne me laisse aucun répit, jamais. Je deviens dingue. On finit par m'installer dans une chambre individuelle. Et je pense que, quelque part, c'est un peu le moment que maman et Adi attendaient pour me faire part de la nouvelle. Les médecins auraient voulu me l'annoncer plus tôt, mais maman a lourdement insisté pour attendre le moment propice. Je crois qu'elle pensait que j'étais encore trop faible et pas vraiment prêt à encaisser la nouvelle. Et elle était bien placée pour le savoir. Petit con comme j'étais, je prenais un malin plaisir à rire de tout et n'importe quoi. Les handicapés, les gens en chaise roulante, n'échappaient pas à la règle.

Véridique. Quelques jours à peine avant mon accident, je marchais avec maman dans la rue quand devant nous passent cinq ou six personnes en chaise roulante. Comme à mon habitude, je ne me suis pas gêné pour balancer des vacheries. « Regarde, t'as vu, ils font la course ! », et autres stupidités du genre. Ce jour-là, maman me dira des mots terriblement prémonitoires qui résonnent encore dans ma tête. « Ne rigole pas, Alex, ça pourrait t'arriver un jour. » Maman ne savait pas à quel point elle était proche de la réalité. Mais aujourd'hui elle était donc aussi parfaitement consciente du choc, et de la leçon, que ça allait être pour moi.

Dans cette nouvelle chambre, face à moi-même, je commence à me poser beaucoup de questions. Je ne comprends pas pourquoi je ne fais pas de progrès, ni comment ça se fait que je ne sente toujours pas mes jambes. Je fais de la kiné tous les jours, pourtant, c'est bizarre quand même. Ces heures passées seul, je les consacre tout entières à mon nouveau passe-temps : fixer mes jambes, mes doigts de pied et me concentrer de toutes mes forces pour les voir ne fût-ce que tressaillir. Toutes mes tentatives restent lettre morte.

Un jour, je reçois la visite d'un psychologue. Maman attend dehors. Sans détour, il m'annonce que je suis paralysé, que je vais passer ma vie en chaise roulante. Il me dit que le chemin va être long, que, dans le meilleur des cas, je passerai une année complète dans un centre de rééducation. Un centre spécialisé pour les gens comme moi. Il ajoute qu'il va falloir que je m'habitue à une nouvelle vie, à un nouveau corps. Qu'il faut que je comprenne que je ne serai probablement plus jamais indépendant, que je vais devoir demander de l'aide pour les plus simples gestes de la vie quotidienne. Il termine enfin en me disant qu'à ce stade-là les médecins ne sont pas encore fixés, mais qu'il se peut que je ne bouge pas tout à fait les bras et que je ne puisse plus écrire.

Le monde vient de s'écrouler.

Maman me rejoint dans la chambre et essaie de me rassurer du mieux qu'elle peut. Elle me dit que ça va s'arranger, qu'il faut garder espoir malgré tout. Et elle y croit vraiment. Je pense qu'elle est en plein déni. Elle se dit que les médecins se sont trompés, qu'il va se passer un petit miracle et que ça va aller. Mais ses mots n'ont aucun effet sur moi. Je suis dévasté. Je m'en veux. Je regrette ma connerie. Je sais que je ne peux m'en prendre qu'à moi-même, mais je trouve ça injuste. Je me demande pourquoi moi. Je me dis que j'aurais préféré y passer.

Et puis défilent devant moi, non pas toutes les images de ma vie passée lorsque ma mort est proche, mais toutes celles de la vie future que je n'aurai jamais parce que la mort m'a ignoré. Je réalise qu'Ibiza est bel et bien enterré, que vouloir faire le malin devant les potes à l'école est risible au plus au point. Je me dis que je ne vais jamais travailler, que je n'aurai jamais de petites copines, que je vais être un poids pour tout le monde, que ma vie n'a plus aucun sens. Je ne veux pas vivre. Pas comme ça. Je ne veux pas être handicapé. Je veux qu'on en finisse, je veux qu'on me tue. Et j'en fais la demande à qui veut bien l'entendre. Les médecins, maman, les potes… « Tuez-moi, je veux mourir ! »

Environ deux mois après mon accident, on vient me chercher en ambulance et on me transfère vers ce qui sera mon nouveau chez moi pour l'année à venir, le centre de rééducation. Maman et Adi m'accompagnent, mon moral est au plus bas.

8

Pas à pas

Le trajet de l'hôpital vers le centre de rééducation n'est pas très long. Tant mieux, ce brancard n'est vraiment pas confortable. Depuis l'ambulance qui m'amène au CTR (centre de traumatologie et de réadaptation), je découvre le petit domaine qui l'entoure. Un joli parc, assez vert, où je m'imagine déjà parcourir seul les petits chemins parsemés d'arbres que j'aperçois à travers les vitres.

Pendant les quelques secondes qui s'écoulent au moment de sortir de l'ambulance, je ferme les yeux et profite du vent et de la pluie qui tombe sur mon visage. Moi qui suis à la recherche constante du soleil et de la chaleur, je n'aurais jamais imaginé que cette sensation puisse me manquer.

Même si on m'avait préparé, même si j'avais bien conscience de l'endroit où je devais atterrir, au moment où je passe la porte, je réalise. Je suis dans un centre pour handicapés. Il y en a partout ! À l'entrée, des mecs à roulettes font le guet la clope au bec ; dans les couloirs, des gars couchés dans leur lit donnent l'impression de glander ; et, çà et là, d'autres, l'air parfois louche, genre cerveau ramolli, déambulent sans but. Mais putain, c'est pas possible !… Qu'est-ce que je fous là ?!

Il y a encore quelques semaines, la vue de cet espace rempli d'infirmes m'aurait sans doute fait marrer. Maman avait vu juste. « Ne rigole pas, Alex, ça pourrait t'arriver un jour. » J'te jure, m'man, je ne rigole plus. Mais alors plus du tout. Et quoi : je vais aussi devoir m'entraîner à baver et laisser pendre ma langue pour espérer m'intégrer ?

J'arrive en ascenseur au deuxième étage. Le brancardier m'explique que j'ai la chambre 228. Elle se trouve tout à fait de l'autre côté, au bout du couloir, pas loin du bureau des infirmiers. Je respire profondément et ouvre grands les yeux pour découvrir mon nouveau cadre de vie. Aux premiers abords, ça ressemble très fort à l'hôpital. De longs couloirs bien larges, des chambres les unes à la suite des autres, une salle de bains commune, qui ne me semble pas être à la pointe de la modernité, une petite cuisine enfumée et enfin ma chambre. Un espace d'environ huit mètres carrés avec un lit médical, une petite armoire et une grande fenêtre qui donne sur le parc. Au moins, la vue n'est pas trop mal…

Adi s'est bien débrouillé. Il a obtenu que l'assurance de son travail couvre les frais d'hospitalisation. Et ce, malgré le fait que je sois totalement en tort et le seul responsable de mon accident. Grâce à lui, je dispose d'une chambre individuelle. Je ne m'imaginais pas une seconde partager ma chambre avec trois énergumènes, complètement à la masse, de surcroît, pendant cette interminable année qui se profile à l'horizon. Au moins, seul dans ma chambre, je serai tranquille avec mes visiteurs. Enfin, si seulement ils continuent à venir me voir… Peut-être vont-ils se lasser après quelque temps… Et autre détail qui a toute son importance, je comprends très vite que regarder la télévision va devenir mon passe-temps favori, et là aussi je n'aurai pas à me prendre la tête pour le choix des programmes. Ça c'est fait.

À peine arrivé et j'ai déjà droit au défilé des infirmiers et infirmières. Ils sont curieux de découvrir le petit nouveau dont ils vont devoir s'occuper. Parmi les représentantes de la gent féminine, nous avons d'abord Marina. C'est la grosse qui parle fort mais qui a l'air plutôt comique. Puis nous avons Dolorès, la chef de service, qui me fait immédiatement remarquer ses origines portugaises. Viennent ensuite Christine et Odette, qui me donnent l'impression d'être des chefs d'armée plutôt que des infirmières.

Je suis dans un état de désespération totale, sans corps, sans avenir, un clin d'œil de la vie et un peu d'autodérision m'auraient fait du bien à ce moment-là… Tu peux me croire, j'ai bien observé, et non seulement aucune d'entre elles ne correspond à mes critères de beauté, mais de plus elles portent toutes de vieilles culottes de grand-mère qu'on ne peut ignorer, même si on le voulait, à travers leur blouse blanche légèrement transparente. C'est une blague ? Elles sont où, les infirmières de mes rêves, bandantes à souhait, arborant décolleté plongeant et petit cul rebondi mis en valeur par un beau tanga sexy en dentelle ? Et ce n'est pas faute de l'avoir espéré, gentiment, juste histoire de rééquilibrer un peu les choses. Merde, quoi !

Le sexe masculin est incarné par Claude, un grand métis rasta qui a un rire bruyant et communicateur, et Fred, au profil plus conventionnel. Ils ont tous les deux l'air cool et restent près de moi pour aider mes parents à installer mes affaires et à me transférer sur le lit médical. Ce premier jour, je vois aussi Denis, l'assistant social, qui débarque dans ma chambre avec un tas de papiers à la main. Ils sont destinés à mes parents et à l'assurance. Le ballet terminé, maman et Adi m'invitent à me reposer. Demain, j'attaque déjà un programme très chargé.

Je me retrouve seul dans ma chambre, mais pour peu de temps seulement. Dolorès, l'infirmière en chef, me rejoint et s'assied à côté de moi. Après m'avoir posé quelques questions très banales pour essayer de comprendre qui je suis, d'où je viens et comment je me suis retrouvé là, elle m'explique mon planning et le quotidien au CTR. Dès le lendemain, je commencerai ma nouvelle vie d'athlète.

Au programme chaque jour :

- Réveil et soin du matin entre six heures et six heures trente
- Petit déjeuner servi aux alentours de sept heures et quart
- Habillage et petite toilette pour être prêt vers 8 h 15
- Séance de kiné passive
- Séance d'ergothérapie

- Déjeuner et sieste de 11 h 30 à 13 h 30
- Séance de kiné active
- Physiothérapie
- Nouvelle séance d'ergothérapie
- Fin des activités vers 17 h
- Repas servi en chambre à 17 h 30
- Se faire chier devant la télé de 18 h à 23 h

Je découvrais ce qu'était l'ergothérapie, la physiothérapie et la différence entre une séance de kiné active et passive. Dolorès m'explique aussi que, dans un premier temps, on va me « verticaliser dans mon lit », pour ensuite pouvoir me mettre dans une chaise roulante et augmenter progressivement le temps passé en position assise. Je vais aussi démarrer ma rééducation digestive et urinaire, je comprendrai vite de quoi il s'agit…

Dès le premier jour, on ne me fait pas de cadeau. À peine réveillé par le vacarme et les allers-retours incessants du personnel dans les couloirs, ma porte s'ouvre et Éric entre. Il se présente et je remarque qu'il a un air étrange. J'ai comme l'impression – non, la conviction – qu'il est de la jaquette. Mes rapports avec l'homosexualité sont alors vraiment très restreints. À cette époque je ne connais pas d'homosexuels et le petit con que je suis (merde, c'est loin d'être la première fois que je l'écris, ça, je suis vraiment un petit con) a un paquet d'a priori et de préjugés à leur égard. Je me dis qu'on ne va pas être très copains.

Évidemment, l'histoire ne s'arrête pas là, ce ne serait pas drôle sinon. C'est seulement quand Éric sort un gant en plastique de sa poche et l'enfile sur sa main que je me rends compte que je suis vraiment mal barré. Il m'explique que ma situation de tétraplégique a perturbé pas mal de choses dans mon organisme, notamment mon transit, qu'il va falloir rééduquer. Avant d'en arriver là, je vais avoir droit à ma dose de suppositoires tous les deux jours pour réhabituer les intestins à aller aux toilettes de manière régulière. C'est ce qu'on appelle se réveiller dans la merde.

Après avoir pris mon petit déjeuner, enfin plutôt après m'être fait servir mon petit déjeuner, puisque, à ce moment-là, je suis encore incapable de bouger les bras et encore moins les doigts, la porte s'ouvre de nouveau et une jeune blonde aux yeux bleus entre. Elle s'appelle Catherine et sera mon ergothérapeute. Eh bien, là voilà ma bonne nouvelle ! C'est vrai, pour le même prix, j'aurais pu écoper d'une vieille toute dégueulasse ou encore d'un autre homo. Non, cette fois, j'ai tiré le gros lot. Catherine a de longues jambes fines et de jolis seins, sa blouse légèrement entrouverte laisse libre court à mon imagination. Elle me regarde avec ses grands yeux d'un bleu profond et, en quelques instants, je suis conquis.

« Demande-moi tout ce que tu veux, Catherine. Je le ferai sans broncher. » Elle rit et me répond que je risque vite de regretter ce que j'ai dit, un lourd programme nous attend. Je suis toujours allongé dans mon lit et elle m'explique que plus tard elle viendra pour m'aider à m'habiller mais qu'il est encore bien trop tôt pour ça : je dois d'abord réapprendre les gestes les plus simples et à coordonner mes mouvements.

Elle sort de son sac une petite dizaine de cubes en plastique et les dispose sur ma table de nuit. Puis elle me demande de les empiler les uns au-dessus des autres. C'est ça, le projet ? Quitte à retourner en enfance, je m'imaginais plutôt lui téter les seins et faire mon petit rot pour marquer la fin du repas ! Je me rends très vite compte que cet exercice, pour simple et futile qu'il paraisse, se révèle déjà beaucoup trop compliqué pour moi. Mes doigts arrivent à peine à pincer les cubes. Et soulever mon bras est un effort en soi. Le chemin vers la guérison s'annonce bien long…

Les jours se suivent et se ressemblent. Ce sont généralement Fred et Claude qui s'occupent de moi. Ils essaient de me mettre en position semi-verticale dans mon lit, mais, bien souvent, après quelques secondes seulement, je me sens très faible. Je découvre Carole et Christophe, mes kinés qui interviennent pour me mobiliser les jambes et me faire faire des exercices avec les bras. Catherine aussi continue à me rendre visite, avec ses fameux cubes dont j'ai déjà horreur. Le soir, les infirmiers sont régulièrement accompagnés de jeunes stagiaires à peine plus âgés que moi. Ils assistent à mon déshabillage et apprennent les techniques mises au point pour laver un tétraplégique. Je n'ai plus aucune intimité, ces situations me gênent au plus haut point.

Quelques jours après mon arrivée, peu après la pause de midi, Éric entre dans ma chambre avec une sonde dans les mains. Cet objet de malheur ressemble à s'y méprendre aux sondes que l'on m'enfonçait dans le nez et dans la gorge pour m'aspirer les glaires quand j'étais à l'hôpital. La vue de cette sonde me terrifie et tout de suite je dis à Éric qu'il est hors de question qu'on me mette encore ça dans le nez ou la gorge. D'autant plus que je suis beaucoup moins encombré qu'auparavant, il n'y a absolument aucune raison pour que la souffrance recommence.

Éric esquisse un petit sourire. Il me dit que cette sonde n'est pas destinée à mon nez ou ma gorge, mais qu'elle servira à me vider la vessie. Vessie qui, pendant des semaines, s'est vidée toute seule grâce à un cystocath, une sorte de petit tuyau qui sort du ventre et dirige les urines dans une poche prévue à cet effet – on me l'a retiré quelques jours auparavant.

Donc, si je comprends bien, il va falloir m'enfoncer cette sonde dans le sexe pour qu'elle arrive jusqu'à ma vessie et permettre ainsi aux urines de s'écouler ? J'ai à peine eu le temps de réfléchir à la question qu'Éric se retrouve avec mon sexe entre les mains, désinfecte le gland, y place une sorte de gel lubrifiant et commence à y introduire cette longue tige en silicone. Cette fois-ci, c'en est trop. Même si je ne ressens aucune douleur à ce moment-là, rien que la vision de cet acte me fait froid dans le dos.

Éric m'explique que je n'ai pour le moment plus le contrôle des muscles qui permettent d'évacuer les urines et que je ne le retrouverai peut-être jamais. Il me dit que la meilleure solution dans mon cas est donc de pratiquer l'auto-sondage. Je devrai répéter ce geste quatre ou cinq fois par jour afin de bien vider ma vessie et éviter ainsi d'attraper des infections urinaires. Une fois de plus, je m'y résous.

En parlant d'infections, on m'avait rapidement averti que les hôpitaux étaient des nids à bactéries et qu'il allait falloir que je fasse très attention à mon hygiène pour ne pas attraper l'un de ces dangereux germes qui hantent les couloirs à l'affût d'un corps. Le staphylocoque doré a déjà suffisamment frappé mes congénères en augmentant la durée de leur rééducation. Séance tenante, je prends l'auto-sondage très au sérieux.

Éric sort de ma chambre et me donne rendez-vous une semaine plus tard. Il part en vacances. Puis c'est à mon kiné de prendre le relais. Mais je ne suis vraiment pas d'humeur. Je lui explique qu'on vient de m'enfoncer une sonde dans le sexe et que dès lors j'aimerais me retrouver un peu seul sans avoir à subir ce rapport de force que nous avons systématiquement tous les deux et que je perds à chaque fois de toute façon.

En fin de journée, c'est au tour de Catherine d'entrer dans ma chambre. Je suis un peu sonné et assez faible, mais j'accepte malgré tout de jouer une fois de plus avec ses cubes. Cette fois-là, nous passerons la totalité de la séance à parler. Catherine a une petite vingtaine d'années et je me sens à l'aise avec elle. J'ai besoin de me confier et lui balance tout ce que j'ai sur le cœur.

Je lui explique à quel point cette situation est difficile à vivre pour moi. Quelques semaines avant, j'étais debout, du haut de mon mètre quatre-vingt-quinze à seulement seize ans, beau gosse, toujours bien habillé, attentif à mon allure, faisant le con pour amuser la galerie et usant de mes charmes dès que possible, dansant tous les week-ends sur les podiums des discothèques et matant les meufs, une vodka-Red Bull à la main.

Et maintenant, je suis depuis de trop nombreuses semaines cloué au lit, à passer mes journées avec des occupations qui saouleraient même un gamin de trois ans, à empiler des cubes les uns au-dessus des autres, à me faire laver au lit par des dizaines de personnes différentes, parmi lesquelles de jeunes stagiaires tout aussi gênés que moi, à chier et à pisser dans une couche parce que je ne suis pas encore en mesure d'aller aux toilettes et de rester assis. J'ai vraiment trop de mal à accepter tout ça, sans compter que le futur ne s'annonce pas beaucoup plus rose.

Catherine reste près de moi plus longtemps que la séance ne le préconise. Elle me tient la main et m'écoute avec attention. Et, contrairement à tous les autres, aussi bienveillants soient-ils, elle ne me répond pas le traditionnel « Tu verras, ça va aller ». Elle me dit tout simplement qu'elle n'est ni infirmière ni médecin, qu'elle ne sait donc pas comment les choses vont évoluer pour moi avec la rééducation, mais qu'elle comprend tout à fait que je sois au bout du rouleau et que ce changement radical dans ma vie est bouleversant. Elle m'avoue qu'elle aussi aurait beaucoup de mal à accepter cette situation… C'est tout ce que j'avais besoin d'entendre.

Après une bonne nuit de sommeil, j'ai un peu repris du poil de la bête. J'ai décidé qu'il valait mieux que je me batte pour pouvoir enfin m'asseoir sur cette putain de chaise roulante. Je ne l'aime pas, mais je vais apprendre à l'aimer. Après tout, c'est elle qui va me permettre de me déplacer seul, c'est ma seule issue vers le chemin de l'autonomie.

Une bonne semaine plus tard, après avoir pris presque seul mon petit déjeuner, je commence tout doucement à récupérer l'usage de mes bras. Ma porte s'ouvre... C'est pas vrai, voilà le pédé de retour de congé ! Merde ! Qu'est-ce qu'il va encore vouloir me fourrer dans le cul ou le sexe cette fois-ci ? Il tient dans les mains un petit cadeau, qu'il me tend en me défiant de l'ouvrir. Je constate qu'il l'a emballé de manière à ce que j'y parvienne facilement. J'en ressors une petite statue africaine en bois. C'est un porte-bonheur qu'il m'a rapporté de ses vacances.

Sans le lui avouer, je suis très touché par cette attention très délicate. Mais je me dis que, vu ses préférences sexuelles, il vaut mieux que je ne sois pas trop démonstratif. Putain, je suis vraiment coriace ! À cet instant, je ne sais pas encore qu'au fil des années Éric deviendra l'un de mes principaux confidents, un véritable ami. Et sans doute celui avec qui je parlerai le plus ouvertement de mon handicap et de tous les problèmes qui en découlent, même et surtout les plus intimes.

9

Une échappée

On est en plein mois d'août et il m'aura fallu attendre plus de trois mois pour enfin prendre un bain et me détendre un peu dans l'eau chaude. Au CTR, il n'y a qu'une salle de bains commune et la politique est simple : tous ceux qui ne sont pas en mesure de se transférer seul dans la baignoire peuvent toujours courir et danser sur leur tête pour que le personnel soignant prenne le temps de les aider à faire mumuse dans la flotte.

Cela leur semble tout à fait normal que les patients soient lavés dans leur lit, en seulement quelques minutes, et qui plus est par des stagiaires ou des débutants. Normal pour tous, sauf pour Éric. Sans doute le plus compréhensif et le plus attentionné, il réalise à quel point de simples petites choses peuvent faire plaisir et remonter le moral de ceux qui dépendent des autres du soir au matin. Un dimanche, il passe à l'action. Après m'avoir sorti de la baignoire, il me dit que je dois maintenant commencer à essayer de m'habiller tout seul.

Éric a décidé qu'il était temps que le gamin que je suis bouge un peu son cul et devienne plus autonome.

Cela fait maintenant deux semaines que j'arrive à tenir environ deux à trois heures par jour en position assise et on vient tout juste de me retirer ma minerve et mon corset. Quel soulagement de se sentir plus libre et de ne plus avoir à supporter tout ce matériel qui me bloquait encore davantage le corps, me donnait chaud et me démangeait à en devenir fou ! Désormais, je peux être déplacé en chaise roulante, ce qui me permet d'effectuer mes séances de kiné, ergo et physio non plus dans ma chambre, mais bien dans de grandes salles au milieu de tous mes petits camarades de jeu.

Je me souviens de ma première fois en chaise. On m'a fait une visite guidée du centre. Quel choc ça a été de me découvrir dans le grand miroir de la salle de kiné ! Non seulement j'étais passé de un mètre quatre-vingt-quinze à un mètre trente-cinq, mais de plus j'avais perdu au moins vingt kilos. Mon visage était creusé comme celui d'un malade en phase terminale et j'étais fringué comme un plouc. Cette vision d'horreur a provoqué un électrochoc en moi. Je me suis dit qu'il fallait changer la donne. Faire en sorte d'être capable de me transférer seul dans ma chaise le plus vite possible, reprendre du poids et de la masse musculaire. Mais, surtout, changer de designer et m'habiller plus décemment.

Je suis au lit, Éric me tend un tee-shirt et me met au défi de l'enfiler seul. Après vingt bonnes minutes et environ deux cents gros mots, je craque et crie haut et fort que j'ai en plus qu'assez. Il n'en démord pas, il garde patience et me conseille une fois encore sur la manière de procéder. Je finirai par y arriver après plus d'une demi-heure d'effort, je suis vidé de toute mon énergie mais aussi très fier d'avoir accompli ce pas en avant vers mon autonomie – merci, Éric !

Le soir venu, comme régulièrement, Chloé entre dans ma chambre. Elle a tout juste vingt ans et fait ses études d'infirmière à l'école située sur le site du centre de rééducation. Elle est assez mignonne, sans être une bombe sexuelle non plus, mais elle arbore un côté timide et sainte-nitouche que je trouve assez attirant. Ces fantasmes innocents sur la gent féminine sont ce qui me fait tenir. J'arrive maintenant à laver le haut de mon corps moi-même, mais il me faut encore de l'aide pour mon dos, mes jambes et ma toilette intime.

Je suis allongé sur le dos. Chloé me raconte sa journée tout en me lavant le bas du corps, mais je ne fais pas trop attention parce que j'essaie de suivre le film qui passe à la télévision. Soudain, Chloé s'arrête net dans son mouvement et je la vois devenir rouge écarlate. Je l'observe un moment, puis elle me regarde dans les yeux pendant quelques secondes avant de prononcer ces mots magiques : « On dirait qu'il y en a un qui se réveille. »

Immédiatement, je remonte la tête et aperçois mon sexe au garde-à-vous. Il se dresse devant moi, fier comme un paon, dur comme de la pierre. O yeah, baby ! J'ai la gaule ! Je demanderais bien à Chloé de continuer à m'astiquer le manche ou même si elle est disposée à venir s'asseoir dessus, mais je retiens mes mots de peur de la choquer. Elle comprend que cette situation est tout aussi gênante pour moi que pour elle, mais remarque au sourire qui envahit mon visage que je suis d'abord et avant tout comblé par cette découverte.

L'une des premières questions qui m'est venue à l'esprit lorsque l'on m'a annoncé que j'étais paralysé et que j'allais passer ma vie en chaise roulante était de savoir comment cela allait se passer sur le plan sexuel. Si j'allais pouvoir bander ou non, si j'allais pouvoir faire l'amour et avoir des petites amies. Tout cela était resté sans réponse dans un coin de ma tête. Et, personne n'ayant jamais abordé le sujet avec moi, je m'étais résigné à penser que toutes les réponses à mes questions devaient dès lors être négatives. Mais maintenant que je savais que je pouvais avoir des érections, j'allais tenter d'en savoir plus et d'obtenir ces précieuses informations. Cette nuit-là, j'ai fait de merveilleux rêves.

Dès le lendemain, j'informe le personnel qui m'entoure de la bonne nouvelle. Et d'ailleurs, je la partage avec tous ceux qui croiseront mon chemin. Une nouvelle comme ça, ça ne se garde pas, ça se diffuse, et au plus grand nombre ! Une infirmière me conseille de poser toutes mes questions à l'un des professeurs en médecine du centre de rééducation. Je demande immédiatement à ce qu'on m'aide à aller le voir.

Le docteur m'expliquera qu'il n'y a pas de règles concernant la sexualité des personnes handicapées, qu'une personne n'est pas l'autre. Certains ont des érections tout à fait normales, d'autres doivent les provoquer par la prise de médicaments ou par le biais d'une piqûre dans les corps caverneux, certains ont encore des éjaculations et d'autres pas. Bref, toute une série d'éléments entre en ligne de compte et il est impossible de tirer des conclusions générales. Mais ce qui me préoccupe, c'est mon cas à moi. Maintenant que j'ai prouvé que j'étais encore capable d'envoyer un flux sanguin important au niveau de mon entre-jambe, quelle sera la suite ? Je suis tout excité à l'idée de le découvrir.

Au comble de ma joie, je regagne ma chambre avec un livre et une cassette vidéo prêtés par le docteur. Ma déception sera à la hauteur de mes attentes. Les images illustratives que je découvre doivent dater des années 1970. On y voit des hommes handicapés nus caressés par des femmes plus vilaines les unes que les autres et dont la pilosité fournie comme c'est apparemment la mode à l'époque ne m'enthousiasme pas. Le livre et le petit film expliquent que la sexualité des personnes handicapées est plutôt liée à des actes sensuels, comme les caresses, les baisers, les massages et des pénétrations très basiques sur la base de la position d'Andromaque.

On est loin des films de cul que je visionnais dans ma chambre d'adolescent. Des films dans lesquels les hommes se servent de leur sexe comme d'un marteau-piqueur prêt à enfoncer tous les orifices féminins dans des positions tout aussi originales qu'acrobatiques. Bon d'accord, c'est du cinéma, mais suis-je condamné à sauter des vieilles moches et poilues qui feront semblant d'avoir un orgasme alors qu'elles se demandent ce qu'elles font là, à me chevaucher ? Je ne m'y résous pas !

10

Dans l'impasse

L'été est derrière moi, quel soulagement ! Les grosses chaleurs que j'ai eu tant de mal à supporter ont laissé place à un air plus frais, annonciateur d'un bel hiver. Cette perspective ne me ravit pas pour autant.

J'ai mis du temps à comprendre pourquoi, dès qu'il fait plus de 25 degrés, je souffre comme si on m'avait abandonné en plein désert. Jusqu'à ce qu'on m'explique : le corps humain dispose d'un système thermorégulateur qui envoie des signaux au cerveau pour que notre corps s'adapte aux températures extérieures. Dans ma situation, ce système qui passe par la moelle épinière est évidemment totalement déréglé. Autrement dit, dès qu'il fait un peu chaud, j'ai très chaud et, dès qu'il fait un peu froid, j'ai très froid. Un désagrément de plus auquel je vais devoir m'habituer.

Maman et Adi viennent au centre presque tous les soirs et restent une petite heure environ. Ils me racontent leur journée, la vie qui s'écoule dehors et, surtout, ils m'apportent à manger. Une attention absolument vitale pour moi. La bouffe qu'on nous sert au centre n'est même pas digne de porter ce nom. Elle est tout simplement dégueulasse et les menus se répètent inlassablement. Non mais sérieusement, comment peut-on servir de tels repas à des gens censés reprendre du poids et de l'énergie ? D'autant plus que la plupart sont là pour plusieurs mois, voire plusieurs années. J'ai beau me forcer, je ne pige pas.

Le temps passe et je commence à faire des progrès. Mon rythme de vie reste inchangé, même si mon programme journalier a un peu évolué. Il compte désormais des séances d'exercices supplémentaires, dont certains que j'affectionne tout particulièrement, comme le travail de manipulation de la chaise roulante. Je suis maintenant capable de m'habiller seul, de me brosser les dents, d'aller aux toilettes, de manipuler de fins objets à l'aide de la main droite et, surtout, de me transférer seul de mon lit à ma chaise et inversement. Un acte essentiel dans la conquête de l'autonomie.

Depuis que je suis en mesure de me coucher seul, je ne suis plus obligé de regagner ma chambre à dix-sept heures pour y être allongé jusqu'au lendemain matin. Sans l'once d'un regret, je laisse derrière moi mes camarades d'infortune, encore dépendants du personnel hospitalier pour la mise au lit, et embrasse le nouveau monde qui s'ouvre à moi : les coulisses du centre de rééducation une fois la nuit tombée. Pendant de trop longues heures, j'ai souffert pour parvenir à réaliser les gestes les plus simples de la vie quotidienne, alors, maintenant que je touche du doigt ce doux vent de liberté, je compte bien en profiter.

Après le départ de maman et Adi, je commence par déambuler dans les couloirs en quête d'un peu de compagnie. Je vais souvent voir Steve dans sa chambre, l'autre petit jeune de l'étage. Steve a dix-huit ans et a eu beaucoup moins de chance que moi. Il était en vacances en Espagne avec sa famille quand, en jouant au frisbee avec son frère, il s'est penché pour le ramasser. Le geste de trop, il ne s'est jamais relevé. Il est paralysé de la tête aux pieds et une machine l'aide à respirer grâce à un tuyau qui lui sort de la gorge. Steve est au centre depuis un an déjà et il n'a connu aucune amélioration. Le pauvre, il ne peut même pas se gratter seul, prendre une bouteille d'eau, changer de chaîne à la télévision ou chasser une mouche sournoise qui se pose sur son visage. Totalement paralysé pour s'être simplement penché ? Il paraît que ça arrive. Et moi qui pensais avoir fait le tour de l'horreur… Il m'aura aussi permis de réaliser qu'on ne fait jamais celui de la combativité.

Parmi les autres indigènes qui peuplent les allées du centre, je suis stupéfait de recenser de nombreuses personnes ayant pourtant terminé leur rééducation depuis longtemps déjà. Ils continuent à venir régulièrement au centre, certains même tous les jours, pour manger à la cafétéria, boire un café, fumer des clopes ou y passer leur soirée. Mais merde, c'est ça, la vie d'un handicapé ? On n'a rien de mieux à faire que de revenir en milieu hospitalier pour profiter d'un tant soit peu de contact humain ? Cette vision me terrifie, je ne peux pas imaginer qu'un jour peut-être je serai moi aussi un des leurs.

Heureusement, mes amis continuent de venir me voir très souvent. Je peux vraiment compter sur eux. Enfin, surtout sur les Italiens et Jimmy. Je dois reconnaître que d'autres, certains amis d'enfance que je pensais être vraiment proches, ne sont jamais ou très rarement venus me rendre visite. Peut-être étaient-ils effrayés à l'idée de se retrouver face à quelqu'un qui du jour au lendemain est lourdement handicapé. Ou peut-être ne savaient-ils pas comment réagir, quoi dire ou ne pas dire. En tout cas, ils auraient quand même pu prendre de mes nouvelles, ils avaient le numéro de maman. Enfin, ce qui compte, c'est que mes Ritals soient là. Il nous arrive même d'aller prendre un verre dans un café en dehors du centre. Ça me fait un bien fou de quitter cet endroit, ne fût-ce que pour une heure ou deux.

Parmi les membres du personnel, ce sont Éric et Catherine qui m'aident et me soutiennent le plus. Ils veulent que je progresse et n'hésitent pas à me pousser à bout pour parvenir à leurs fins. Éric me rend fou. Sans jamais vaciller, sans jamais me laisser le moindre répit, il m'oblige à répéter les mêmes gestes, heure après heure. Je mets dix minutes pour enfiler mes chaussettes et, quand je suis au bout de ce que je considère encore comme un véritable exploit, il me les retire d'un seul geste et me demande de les remettre. Ou pire encore, alors que j'essaie tant bien que mal de me déplacer seul en chaise roulante, il actionne mes freins parce ce qu'il sait le mal que j'ai à les enlever. Je le hais tellement parfois. Il me provoque et joue les sadiques en restant après ses heures de travail pour continuer à me torturer. Je ne comprenais pas, alors, qu'il ne faisait ça que pour mon bien. Je ne le remercierai jamais assez.

Avec Catherine, c'est plus cool. Nous sommes devenus très proches et elle aussi se confie à moi. Elle m'explique ses histoires de cœur, me raconte les ragots du centre, me donne des détails sur les histoires de cul rocambolesques entre les membres du personnel, et puis, avec les récits des soirées qu'elle passe en discothèque, elle m'aide à m'évader un peu. Qu'est-ce que j'aime l'entendre me parler de ses sorties ! Je me remémore mes propres exploits et partage même quelques anecdotes croustillantes mettant en scène le jeune clubber que j'étais. Je dois aussi reconnaître que j'ai un faible pour elle et ça ne lui a pas échappé.

Mon moral joue les montagnes russes, mais je ne veux rien laisser transparaître. Je me suis juré de ne plus pleurer devant mes parents et encore moins devant mes amis. Ils ne savent pas que je passe des nuits entières à sangloter, à regarder mes pieds et à faire tous les efforts possibles pour qu'ils bougent, ne serait-ce que de quelques millimètres. Ce petit miracle qui me fait tellement souffrir, tant il tarde à venir, j'ai toutes les peines du monde à cesser d'y croire. Mais le désespoir me gagne à mesure que se révèle l'évidente perte de temps. Et ma détresse est parfois tellement assourdissante que les infirmières m'entendent à travers les murs de ma chambre. Certaines passent la porte pour tenter de me réconforter, en vain. Je ne dirai jamais ça à personne.

Dans le courant du mois de novembre, environ six mois après mon accident, je me réveille en sursaut au milieu de la nuit. J'ai l'impression que Mike Tyson a confondu ma nuque avec un punching-ball, la douleur est insoutenable. Je me jette sur le bouton d'alarme et les infirmiers accourent. Ils me découvrent dans un état proche de la folie furieuse tant la souffrance est atroce, mais ne comprennent pas ce qui m'arrive. Ils font ce qu'ils peuvent pour me calmer et finissent pas m'administrer une bonne dose de médicaments antidouleur et de tranquillisants. Les effets se feront sentir au bout de quinze minutes, j'aurais juré qu'il s'était écoulé des heures. Pour me rassurer, ils m'expliquent qu'il s'agit sans doute d'une infection urinaire et procèdent à une analyse. J'aurai les résultats le lendemain.

Le réveil est très difficile. J'ai mal à la tête et, même si les douleurs à la nuque sont moins fortes, je sens qu'il en faut peu pour qu'elles reprennent de plus belle. Éric m'explique que, en début de rééducation, notamment en milieu hospitalier, où une kyrielle de germes circule, il est courant de développer des infections aux reins et à la vessie, que ces infections peuvent être à l'origine de douleurs similaires aux miennes et que, après deux ou trois jours sous antibiotiques, je n'y penserai plus. Il me rappelle une fois encore de bien procéder à tout le rituel de désinfection lorsque je pratique l'auto-sondage. Ce que je fais minutieusement cinq ou six fois par jour et qui me prend à chaque fois un bon quart d'heure.

En fin de journée, je suis toujours en mauvais état. Des battements de cœur d'une rare violence me martèlent la nuque et la tête. Et quand, comme chaque soir, mes parents entrent joyeusement dans ma chambre, leur présence, très vite, me dérange. Ce n'est pas eux, à proprement parler, qui m'incommodent, mais le bruit qu'ils produisent. Le volume de leur voix semble avoir été multiplié à l'infini et, après quelques minutes seulement, je les supplie de me laisser seul et de revenir le lendemain. Éric m'annonce que les résultats de mes analyses sont négatifs. Il ne s'agit pas d'une infection urinaire, il va falloir creuser plus loin. Mes parents lui ont expliqué que je ne me sentais pas bien et que je voulais rester tranquille, il ne reste pas. J'ai un mauvais pressentiment pour cette nuit.

Mes craintes sont fondées. La nuit, les douleurs reprennent de plus belle et j'ai plusieurs fois le sentiment que je vais m'évanouir de douleur. Le médecin de garde m'injecte le même traitement que la veille, à plus forte dose. Je m'endors quelques minutes plus tard sous l'effet du cocktail médicamenteux. Il fait maintenant jour et la femme de ménage pense bien faire en ouvrant mes rideaux. Je soulève à peine les paupières et les referme aussitôt. La luminosité du ciel, pourtant couvert et gris en ce mois de novembre, m'aveugle et relance instantanément mon mal de tête. Je pensais être passé maître dans l'art de la gestion de la douleur. Mais, là, je passe encore un niveau. Qu'est-ce qu'il m'arrive encore ?

Je suis transféré à l'hôpital qui jouxte le centre de rééducation pour y subir une batterie de tests. Examens du cerveau, de la moelle, de la vessie, des reins… tout y passe. Je deviens fou, je suis complètement désorienté et super stressé. Je veux comprendre ce qui m'arrive et être traité en conséquence, le plus rapidement possible. Je ne tiens pas en place et les médecins sont de nouveau obligés de m'injecter des tranquillisants. Je resterai dans cet état de mal intense pendant trois longues semaines. Une période interminable au cours de laquelle je ne supporterai ni le bruit ni la lumière.

Après quelques jours dans cette suffocante situation, je suis à bout de nerfs. Je survis à mes douleurs dans le noir absolu, je ne supporte plus les visites de mes proches, ou alors seulement s'ils viennent me regarder en observant le silence complet. C'est surréaliste. Ridicule et profondément absurde aussi. Alors, progressivement, l'idée de mourir, qui me hantait tellement quand j'ai appris que j'étais paralysé, ressurgit. Et si j'avais eu raison de vouloir crever plutôt que de vivre dans cet état ? Et si ces nouveaux symptômes étaient venus me rappeler que mon accident aurait dû être fatal ? Les jours passent, n'apportant avec eux aucune bonne nouvelle. On ne trouve toujours pas d'explication à mes mystérieux problèmes et les médecins ont écumé leurs théories.

N'ayant rien d'autre à faire de mes journées que le bilan de ma situation. Voici le constat que j'établis après deux semaines passées dans d'atroces souffrances :

La majeure partie de mon corps est paralysée. Mes bras sont un peu plus mobiles qu'au début de ma rééducation, mais je ne serai probablement jamais totalement indépendant. Je suis donc un assisté. Être handicapé a clairement l'air de craindre. Trop de personnes autour de moi et dans ma situation ont une vie qui semble parfaitement déprimante. Une vie sans grands rebondissements ou, en tout cas, pas de la catégorie des bons rebondissements, m'attend. Niveau gonzesses, c'est mort. Et ça ne risque pas de s'améliorer sauf, peut-être, si j'attire une perverse dont le délire est de se taper un mec en chaise ou une nana au bout du rouleau qui verra en moi son dernier espoir. J'ai plein de problèmes de santé, dont ces douleurs inexplicables qui ne vont peut-être jamais s'arrêter ou, si par miracle c'était le cas, recommenceraient tôt ou tard. La télévision va rester ma meilleure amie, puisque je n'envisage pas vraiment la possibilité de travailler, comme tout le monde. Avec un peu de chance, j'arriverai bientôt à connaître le programme télé par cœur. Je vais être dans les pattes de mes parents jusqu'à la fin de leurs jours et je vais certainement leur coûter un max de fric en soins de santé, matériel médical et autres jouets pour tétraplégiques. Et, pour finir, même si mes amis viennent encore me voir assez régulièrement, peut-être parce qu'ils s'en sentent un peu forcés ou peut-être parce que leurs parents les obligent à faire cette bonne action, ils s'éloigneront petit à petit.

Encore une nuit à pleurer et à ressasser tout ça. Cette fois-ci, j'en ai marre et il n'y a qu'une solution pour mettre un terme à tout ça : mourir. Je vais emporter avec moi tous mes problèmes et soulager mes proches. Maintenant, comment faire ? Je n'ai pas vraiment beaucoup de choix. Je suis bloqué dans mon lit, je n'ai aucun matériel à ma disposition et, à part me pincer le nez jusqu'à en mourir, je ne vois pas trop comment y arriver. Bon, je ne suis plus à ça près, je vais devoir patienter un peu.

Bientôt trois semaines se sont écoulées depuis l'incursion du fantomatique boxeur dans ma vie et enfin, les douleurs s'estompent un peu. Mon moral reste pourtant désespérément bas et les idées noires sont toujours aux commandes. Ça y est, j'ai trouvé. Je sais maintenant comment je vais faire pour quitter cette terre, et en douceur en plus. Faut pas déconner quand même, je crois qu'au niveau supplice j'ai assez donné. Il me suffira d'ingurgiter en une seule prise tous les somnifères, calmants et tranquillisants que j'aurai pris le soin de ne pas prendre pendant les semaines à venir. Depuis mon arrivée au centre, chaque jour au moment du petit déjeuner, je reçois ma super plaquette de médocs censée faire de moi un tétra en pleine forme. Parfois jusqu'à trente-cinq médicaments par jour. Je n'en avalerai plus aucun, je les garderai précieusement et les planquerai sous des magazines, dans ma table de nuit. Je commence dès demain et je n'en parlerai évidemment à personne.

J'ai à peine commencé mes petites manigances depuis quelques jours que ma situation s'améliore brusquement. Mes visiteurs affluent de nouveau et sont soulagés de me voir de retour à la vie. J'ai envie de leur conseiller d'en profiter, ça ne devrait plus durer très longtemps…

11

La rechute

Demain, c'est le 1er décembre. Ça sent déjà les fêtes de fin d'année et les précieux moments de joie que l'on partage en famille et entre amis. En Belgique, le 6 décembre, les enfants sont à l'honneur avec la Saint-Nicolas.

Est-ce que j'ai envie de voir débarquer mes parents ce jour-là, des cadeaux et du chocolat plein les bras ? Non, pas vraiment. Je ne suis plus un enfant, je suis un homme dont les jours sont comptés. Je ne peux donc pas attendre jusque-là, il faut que j'agisse avant. C'est décidé, mon dernier jour sur terre sera le 5 décembre 1999. Ce jour-là, j'ingurgiterai environ trente somnifères et tranquillisants. J'espère que ce sera suffisant.

Il me reste moins d'une semaine à vivre. Je décide d'en tirer le meilleur. Je veux vivre intensément chaque minute, m'imprégner de chaque regard, chaque sourire, je veux profiter de chaque rencontre, chaque discussion, chaque embrassade, chaque lever et coucher du soleil, je veux garder et emporter chacun de ces moments comme souvenir pour mon départ, le jour J.

Ce soir, maman et Adi me font la surprise d'être accompagnés des Italiens et de Jimmy. Ça me fait très plaisir. Il y a du monde autour de moi et ils semblent tous ravis de me voir en bien meilleur état qu'au cours de ces dernières semaines. En apparence, en tout cas. Je ne veux surtout pas éveiller les soupçons et la comédie commence. Je me montre sous mon meilleur jour, j'essaie de sourire et de rire dès que l'occasion m'en est donnée, je raconte que le cauchemar des douleurs est derrière moi, que je me sens beaucoup mieux et que j'ai hâte de recommencer les séances de rééducation. Tous repartent sereins et rassurés.

Deux jours plus tard, allongé sur mon matelas à eau spécialement conçu pour les personnes alitées pour une durée prolongée, on me sert mon plateau-repas : un morceau de bœuf digne des meilleures semelles et des légumes bouillis. Mmmm… non pas que je me délecte à la vue de cet enchantement. Mmmm… à gauche de mon assiette, je découvre avec ravissement un couteau à steak. Long et tranchant, comme on n'a pas l'habitude d'en avoir.

Ça ne fait qu'un tour dans ma tête. Et si je me loupais avec les médicaments ? Et si ce n'était pas suffisant ? J'ai entendu tellement d'histoires de suicide raté. Des gens qu'on retrouvait chez eux dans le gaz, après avoir ingurgité médocs, drogue et alcool, mais qu'un bon lavage d'estomac ramenait trop facilement à la vie. Je ne veux pas que cela m'arrive, je ne veux pas que l'on considère mon geste comme un appel à l'aide. Je veux mourir et en finir une bonne fois pour toutes. Ce couteau m'aidera à mettre toutes les chances de mon côté.

Plus que trois jours et deux nuits. Et même si les douleurs sont désormais loin de moi et que cette situation particulière me donne une force insoupçonnée pour profiter pleinement de chaque petit moment normalement insignifiant, j'ai aussi très envie de passer à l'action. Agir et en finir. J'y pense constamment. Je suis comme un condamné à mort qui attend dans sa cellule qu'on vienne le chercher pour passer sur la chaise. Quelle drôle de sensation que de savoir à l'avance et avec précision le moment de sa mort. Quelle profonde solitude aussi, je ne peux et ne veux parler de tout ça à personne.

Je reprends progressivement les exercices d'ergothérapie avec Catherine et ma main droite a presque récupéré toute sa préhension fine. J'arrive même à écrire. Ma main gauche, c'est un autre combat et on s'y attarde plus longuement. Je joue avec les infirmiers et Catherine le même jeu qu'avec mes proches, je fais mine d'aller bien, de me réjouir des progrès, je souris et donne même l'air d'être heureux. Ils n'y voient que du feu.

Pour m'endormir, je ressasse et réévalue mon plan. Encore et encore. Je ne suis pas en mesure de me pendre, ça, c'est clair. Je ne peux pas me jeter par la fenêtre non plus, le rebord est bien trop haut. Je ne sais pas où trouver un flingue pour m'exploser la tête. Ça ne fait aucun doute, je n'ai que mon cocktail de médocs et mon couteau. Je pense à toutes les histoires de tentatives de suicide avortées, toutes ces personnes qui ne sont pas parvenues à leur fin en se contentant d'une simple prise de médicaments. Les larmes me montent aux yeux. Ce que je voulais éviter à tout prix, souffrir au moment du départ, me semble inéluctable. Si je veux être certain de ne pas être repêché vivant, je vais devoir combiner mes deux armes.

J'envisage de me couper les veines, mais, avec mon hypersensibilité aux mains et aux poignets, j'ai peur que ça fasse horriblement mal. Me trancher la gorge pourrait être rapide et efficace, mais l'idée qu'on me retrouve dans cette posture ne me plaît pas beaucoup. De plus, pour peu que je me rate, je vais certainement souffrir le martyre. Voilà ce que je vais faire. Je vais ingurgiter tous les médicaments, attendre quinze ou vingt minutes qu'ils fassent effet et je serai à ce moment-là dans un état second. Alors, d'un geste fort, je me planterai le couteau bien profondément dans le ventre. J'ai moins de sensibilité sur cette partie du corps et pourrai facilement donner le coup fatal. Le scénario me semble tenir la route.

Je repasse cette scène en boucle dans ma tête pendant les deux derniers jours qu'il me reste. D'ailleurs, je manque un peu à mon obligation de dissimuler toute tractation. Éric, Marina et même d'autres infirmiers me font remarquer que j'ai l'air préoccupé ces derniers temps. Je les rassure en leur disant que c'est sans doute le contrecoup des dernières semaines et que je suis encore très fatigué.

Jour J, jour tant attendu, le dernier…

Bizarrement, je me réveille assez détendu. Strictement rien n'a changé dans la composition du plateau du petit déjeuner, mais je le trouve meilleur que d'habitude. Toute la journée, je fixe attentivement chaque visage, je m'imprègne de chaque expression, je fige dans mon esprit chaque détail des échanges que j'ai avec tous ceux qui croisent mon chemin. Je vais prendre l'air devant le centre, il fait froid et il pleut, mais ça ne me dérange pas. Ces sensations me rappellent que je suis encore vivant et, pour le peu de temps qu'il me reste, j'en profite.

Je fais le tour du centre. Je veux passer dire bonjour à tous les membres du personnel et à chaque patient que je connais. Un bonjour qui est en réalité un au revoir, mais ça, tous l'ignorent. J'essaie d'avoir un mot gentil pour chacun. Intérieurement, je souhaite que tous les patients que j'ai appris à connaître, et Steve en particulier, aient une vie meilleure que celle à laquelle ils s'attendent. Un avenir sombre que je redoute pourtant moi-même au point de ne pas prendre le risque d'y être confronté.

À dix-huit heures, comme chaque soir, maman et Adi me rendent visite. Plus que quelques heures, la tension monte. Ils sont à peine entrés dans ma chambre que j'ai envie de fondre en larmes. J'ai envie de leur dire que je les aime et que si j'ai décidé de partir c'est juste parce que je ne supporte plus ma situation, qu'ils n'y sont pour rien et que je les remercie pour tout ce qu'ils ont toujours fait pour moi. Je me retiens de toutes mes forces. Je les observe avec attention, je mémorise leurs visages. Je veux me rappeler ces images avec précision au moment de ma mort.

Maman n'a pas eu le temps de me faire à manger aujourd'hui, elle m'a apporté deux hot dogs à réchauffer au micro-ondes. Dommage qu'elle n'ait pas su que ce serait mon dernier repas, elle aurait certainement fait un effort. Nous regardons un peu la télé, ils m'expliquent leur journée et me posent des questions sur la mienne. Après une heure environ, ils se mettent en route. Au moment de dire au revoir à maman, je respire profondément. Je veux m'imprégner de son odeur. Je lui fais un gros bisou sur la joue. J'ai toute la peine du monde à ne pas craquer. Mais je ne peux pas. Pas maintenant. Ils pourraient se méfier et ça pourrait tout faire foirer. Je dis au revoir à Adi et les regarde s'en aller.

La porte se referme derrière eux et je réalise que je m'apprête à partir sans leur avoir fait de vrais adieux. Sans leur avoir dit que je les aimais. Je pense à mes proches aussi. Ils vont déjà certainement penser que j'ai commis un acte très égoïste et sans doute irréfléchi. Je leur dois des explications et toutes les marques d'amour qu'ils méritent. Je vais leur écrire. J'ouvre le tiroir de ma table de nuit et en sors un carnet avec quelques feuilles sur lesquelles figure une photo pas forcément appropriée pour l'occasion. Je vais devoir m'en contenter.

Avant de m'y mettre et d'ensuite passer à l'acte, il faut que je mange. Pour la dernière fois, je me rends dans cette petite cuisine qui nous sert aussi de fumoir clandestin quand on n'a pas le courage de traverser tout le bâtiment pour aller au vrai coin fumeur. Après deux minutes de cuisson, mes hot dogs sont chauds. Je commence à manger. Quelle ironie. Je suis seul, comme un con, sans personne à qui parler, dans un local qui fait froid dans le dos, l'esprit tourmenté par le geste que je suis sur le point de commettre – et en train de bouffer ces trucs chimiques à un euro les deux petits pains. J'aurais quand même préféré que mes derniers instants sur terre soient un festin de roi, suivi d'une bonne baise et d'une fulgurante crise cardiaque qui m'aurait emporté au moment de jouir. Merde…

Je retourne dans ma chambre et me transfère difficilement sur mon matelas à eau. J'attrape la table de nuit et fais basculer le plateau au-dessus de moi. Je vais commencer par la lettre pour maman, ensuite, j'en ferai une pour tous les autres membres de la famille et une dernière pour les amis et les connaissances. J'ai encore quelques difficultés à écrire et mon poignet me fait vite mal, il va falloir que je choisisse bien mes mots et que je sois concis.

J'ai souffert, mais ça y est. Je suis parvenu à écrire les trois petits mots que je tenais à laisser. J'espère de tout mon cœur que ça aidera mes proches à comprendre mon geste et à l'accepter.

Il est vingt-trois heures quinze quand l'infirmier de nuit entre dans ma chambre pour la dernière visite de la journée. J'aurais préféré que ce soit Chloé qui s'occupe de moi ce soir, mais elle est en congé. Il me demande si tout va bien et si j'ai pu me laver tout seul. Je lui réponds que tout est en ordre et que je suis fatigué. Il me souhaite bonne nuit et me rappelle qu'il viendra le lendemain à six heures pour le réveil et les soins du matin. Je ne peux pas m'empêcher de penser qu'un autre programme l'attend et qu'il aura surtout droit à une vision d'horreur.

Vingt-trois heures trente : je sors de mon tiroir tous les somnifères et calmants que j'ai minutieusement gardés. Il y en a vingt-six au total, ça devrait être suffisant. Sans trop réfléchir, je les avale un à un. Presque machinalement et souvent par prise de trois ou quatre. En un rien de temps, il n'en reste plus un. Le compte à rebours a commencé et je ne peux plus faire machine arrière. Je place les lettres à côté de moi et j'enclenche ma mini-stéréo.

À l'époque, on ne téléchargeait pas comme on le fait maintenant, et je n'ai sous la main que quelques CD que j'écoute en boucle. Parmi ceux que je préfère, le best of de Mariah Carey. Je l'adore depuis toujours. Elle, cette brune sulfureuse, ses chansons d'amour à vous remuer les tripes. Ça conviendra parfaitement. Les premières notes de *Hero* s'élèvent, je ferme les yeux. Je croise les mains et commence à prier le Seigneur.

« Seigneur, je ne m'adresse pas à Toi souvent, mais j'ai vraiment besoin d'un coup de main, là. J'ai besoin que Tu m'aides à mettre mon plan à exécution. Je voudrais souffrir le moins possible et je voudrais que Tu m'acceptes à tes côtés, au paradis pour l'éternité. » Je ne suis pas très catholique et encore moins pratiquant, mais je ressens un besoin irrépressible de rompre ma solitude, de me raccrocher à quelque chose ou plutôt à quelqu'un.

Après une dizaine de minutes, je sens les premiers effets de mon cocktail de la mort. Mon corps se relâche et mes paupières deviennent lourdes. Je dois agir vite et me donner le coup de grâce. Si je ne le fais pas rapidement, je vais sûrement m'endormir et être sauvé aux petites heures du matin. Je commence à réaliser que c'est vraiment la fin. Je fixe à minuit l'heure de mon départ. Plus que cinq minutes. Je ne contrôle pas les larmes qui coulent le long de mon visage.

Je sors le couteau du tiroir et l'observe attentivement. La lame doit faire une dizaine de centimètres et semble bien aiguisée. Je la pointe verticalement contre mon ventre. Mariah entame une version acoustique de *My All*, l'une de mes chansons préférées. Je tourne la tête, mon réveil indique 00:00. Le stress monte en moi et ma main se met à trembler, je suis effrayé à l'idée de ce que je vais faire. J'ai peur de mourir.

J'appuie la lame du couteau contre mon ventre. Rien ne se passe. J'appuie plus fort, toujours rien. Je réalise que ça va être difficile. La peau est en réalité bien plus épaisse et plus solide que je ne l'imaginais. Il va vraiment falloir que je me concentre et que je frappe un gros coup. Je lève le couteau à environ trente centimètres de mon ventre, respire profondément et, d'un geste brusque, dirige la lame vers mon nombril. Un réflexe involontaire me freine dans mon élan, mais je parviens quand même à percer légèrement la peau et quelques gouttes de sang s'échappent. Ce n'est pas suffisant, mais ça m'encourage à réessayer.

Je suis maintenant complètement défoncé, les médicaments continuent leur boulot. Je vis un moment complètement surréaliste, un voyage dans un autre espace-temps. La tristesse m'envahit. Une fois encore, je place le couteau bien au-dessus de mon ventre. Cette fois-ci sera la bonne. Soudain, j'ai un flash-back de l'accident. Je vois les maisons qui défilent à toute vitesse, je vois le mur se rapprocher… c'est l'élément déclencheur. Le coup part, bien plus fort que tous les précédents.

Je vois la lame me transpercer, mais je ne sens rien. Et tout de suite, j'enchaîne un deuxième coup, puis un troisième coup. Le quatrième sera certainement le plus fort. Presque toute la lame s'enfonce dans mon ventre. Je ressens une sensation inexplicable, suivie d'une forte douleur. Tant bien que mal, je retire la lame et du sang jaillit. Beaucoup de sang. Et c'est là que je perds totalement le contrôle. Comme si une force inexpliquée était à l'origine de chacun des mouvements qui suivent, j'enchaîne une multitude de coups. Au total, je me porte vingt-huit coups de couteau. Je ne me souviendrai que de cinq ou six.

J'ouvre les yeux, mon réveil indique 00:22. Je n'ai perdu connaissance que quelques minutes. J'ai à peine le temps de reprendre mes esprits que d'intenses maux de ventre me paralysent. Je me mets à vomir une effroyable quantité de liquide, de sang et mes hot dogs. J'ai très froid. Je suis trempé. Dans mon accès de folie, j'ai certainement dû percer le matelas à eau. Je baigne dans la flotte et le vomi, et du sang continue de s'écouler de mon ventre. Une situation chaotique qui m'empêche de distinguer le nombre de coups que je me suis infligés.

Cette vision terrifiante est digne des plus épouvantables films gore. J'espère que je vais m'endormir et partir vite, la douleur est insupportable. Je recommence à vomir et je comprends que tous les médicaments que j'ai pris sont en train de se faire la malle et, avec eux, les effets escomptés. Merde ! Je n'avais pas pensé qu'en me perçant les intestins je vomirais et recracherais ce qui était censé m'endormir et atténuer la douleur. J'essaie de me calmer. Mais c'est très difficile. J'ai très froid, je me sens vidé, exsangue, et dans un état de stress absolu. Malgré la douleur, je ferme les yeux. J'attends la mort.

Toutes les images, tous les souvenirs que je garde de ces derniers mois défilent devant mes yeux. Ai-je fait le bon choix en voulant partir maintenant et comme ça ? Je ne parviens pas à penser à autre chose. Le couteau est par terre et il m'est impossible de l'attraper pour finir le travail. Je n'en aurais de toute façon plus la force.

Pendant six longues heures, j'attends la mort, consciemment. Mais, une fois de plus, elle n'est pas au rendez-vous. J'ai beau prier le Seigneur de m'emporter, Lui non plus ne veut pas de moi…

Maman,

Même si je ne t'ai jamais vraiment dit cela, tu es la personne que j'ai toujours aimé le plus au monde. Je voulais te dire que tu es une maman géniale comme il n'y en a pas deux. Je n'ai qu'une seule dernière volonté et s'il te plait, respecte là. Je sais que tu es beaucoup plus courageuse que moi et c'est pourquoi je te demande de garder ce courage pour toujours et d'être auprès des gens que tu aime pour te consoler. Je sais que tu y arriveras car j'ai confiance en toi. Fais le pour moi, en ma mémoire. Continue à profiter au maximum de la vie.

Je t'aime de tout mon coeur.

Alexandre.

(1)

Chère famille,

Si vous lisez cette lettre aujourd'hui, c'est que je ne suis plus de ce monde. La vie pour moi est devenue trop dure et je n'avais plus aucune force pour continuer à me battre.
Vous m'avez cru courageux mais ce n'était pas le cas car même si je le montrais le moins possible, pas une seule journée, pas une seule nuit ne passait sans que je ne pense à tout celà. Je voulais vous dire que j'avais d'excellent souvenirs avec chacun de vous et que je m'étais vraiment bien amusé durant les 16 années de ma vie.

(2).

Je ne vous demande qu'une seule chose et je sais que je suis mal placé pour vous demander celà mais je tiens vraiment à ce que vous gardiez tous le courage et que vous continuyez à vivre en profitant au maximum de la vie car la vie est vraiment très belle et pleine de bons moments.. Faites le pour moi, je vous en prie. Je vous laisse en terminant par vous dire que je vous aime énormément et que j'ai confiance en vous.

Alexandre.

Je voudrais que cette lettre soit lue par tous.

Je me croyais fort et courageux mais ce n'est pas le cas. Je n'avais pas envie de mourir mais je ne pouvais plus vivre comme celà. La vie pour moi était devenue impossible et je n'avais plus aucun goût à vivre.

Je tenais à remercier toutes les personnes (famille, amis et autres) qui m'ont soutenu depuis mon accident et je tiens à dire que ce n'est à cause de personne si j'ai fait celà. Je n'avais plus envie de faire aucun effort et l'avenir s'annonçait sans importance à mes yeux. Je me rend bien compte que ma solution est égoiste et facile et j'en suis énormément désolé. Je pars pour un monde qui je l'espère sera meilleur.

Je vous aime énormément

Alexandre.

12

Nouveau départ

À six heures précises, l'infirmier entre dans ma chambre. Il pousse un cri d'effroi et fait un bond en arrière. Ma vision est trouble, j'ai du mal à distinguer son visage, mais je suis éveillé… je suis toujours là. Il me pose un tas de questions, mais je comprends à peine ce qu'il me dit. D'autres membres du personnel accourent et, à bout de souffle, je les supplie de s'en aller, de me laisser mourir. Tous comprennent alors la scène qui vient de se dérouler dans cette chambre.

Je reprends mes esprits. Et, petit à petit, je me rends à l'évidence, je ne suis pas mort. J'ai foiré mon coup, et maintenant il va falloir que j'affronte le regard des autres et leurs innombrables questions. Le médecin de garde entre dans ma chambre et me demande de lui décrire précisément ce qui s'est passé. Ce que j'ai pris comme médicaments, quand et en quelle quantité. Je tente de lui expliquer.

Il ausculte mon ventre, prend mon pouls et constate qu'il est très faible. Il m'installe un baxter. Il est asiatique et j'ai des difficultés à saisir tout ce qu'il me dit. Je n'ai pourtant aucun mal à comprendre qu'il veut me recoudre sur-le-champ. Il me dit que mes blessures ne sont que superficielles et que, si j'ai tenu six heures dans ces conditions, ce n'est certainement pas maintenant que je vais mourir.

Il part chercher son matériel. Il est vraiment décidé à m'opérer ici et maintenant. Il teste ma sensibilité, je ne sens presque rien. En tout cas, le simple touché qu'il exerce sur mon ventre ne me fait aucun effet. Il en conclut donc qu'une simple piqûre d'anesthésiants suffira. Pendant plus d'une heure, je le verrai recoudre les vingt-huit trous. Il y en a partout autour de mon nombril, qui est constellé de perforations. Une fois de plus, je vois se jouer une scène que je n'oublierai jamais, même avec tous les efforts du monde.

À huit heures, Éric entre dans ma chambre. Je le sens dévasté et je lis dans ses yeux une profonde tristesse. Il prononce alors les mots que je redoutais : « Tes parents sont en route. » En voyant le visage de maman quand elle passe la porte de ma chambre, je comprends la gravité de mon geste. Elle est anéantie. Ses yeux bouffis sont injectés de sang et elle ne parvient pas à retenir le torrent de larmes qui la submerge. Adi entre à son tour et je lui découvre un visage que je ne lui connaissais pas. Il est lui aussi effondré.

Mes premiers mots seront des excuses. Je ne sais pas quoi dire d'autre que « Je suis désolé ». J'essaie de leur expliquer que je ne voulais surtout pas les faire souffrir, que je pensais simplement que tout irait mieux si je n'étais plus de ce monde. Ils ne me laissent pas le temps de finir mon plaidoyer. Ils me disent que je me trompe complètement, qu'ils m'aiment profondément et que j'ai tort de penser que je suis un poids pour eux. Maman me regarde dans les yeux et me dit que, sans moi, elle n'aurait plus de raison d'exister, que, si j'étais parti, elle se serait certainement donné la mort elle aussi. Elle n'aurait pas supporté ce chagrin le reste de sa vie. Mon dieu, quel égoïste j'ai été ! Quand je pense que, si j'étais parvenu à mes fins, j'aurais tué maman…

Maman et Adi resteront à mes côtés toute la journée. Et ils ne sont pas au bout de leurs peines. Moi non plus d'ailleurs. Je vomis sans arrêt alors que je n'ai plus rien dans le corps. Le peu d'eau que je bois ressort de mon organisme aussi vite qu'il y est entré. Le médecin explique que ces nausées persistantes sont certainement dues aux médicaments que j'ai ingérés. Je suis incapable de dormir et ça fait maintenant plus de trente-six heures que je suis éveillé. Je suis à bout.

Adi appelle les Italiens et Jimmy et essaie de leur expliquer mon geste. Il leur demande d'attendre avant de venir me voir. Adi essaie de me réconforter un peu en me disant combien ils sont touchés par la nouvelle, qu'ils sont de tout cœur avec moi et qu'ils ont hâte d'être près de moi. Le soir venu, maman et Adi ont le plus grand mal à me quitter. Ils ont peur. Maman me demande de lui faire la promesse de ne plus jamais recommencer. Je lui obéis.

Dès le lendemain matin, ils sont de nouveau à mon chevet. Les infirmiers les informent que la nuit ne s'est pas mieux passée que la journée précédente. Que mes nausées ne se sont pas calmées et que j'ai continué à vomir. Je dois être hydraté en permanence et quelques poches de sang me sont transfusées.

Dans le courant de l'après-midi, Éric vient me voir et parle avec maman et Adi. Je l'entends leur dire discrètement qu'il est très inquiet, qu'il trouve très bizarre que je ne récupère pas mieux et que je vomisse autant. Le doute s'installe chez eux aussi. Ils vont voir le médecin et insistent pour qu'il me réexamine. Celui-ci campe sur ses positions, les organes ne sont pas touchés et j'irai vite mieux. Ce diagnostic me laisse perplexe, j'ai bien vu le couteau entrer en profondeur dans mon ventre. Maman, Adi et Éric en concluent que, si mon état ne s'est pas amélioré demain matin, ils me transféreront à l'hôpital pour d'autres analyses.

Je passe deux jours et deux nuits à vomir mes tripes et du liquide d'une couleur parfaitement indescriptible et suis finalement conduit à l'hôpital pour des examens plus poussés. Le verdict tombe : multiples perforations intestinales et hémorragie interne. Quelques heures de plus au centre de rééducation et je n'étais, cette fois-ci, plus de ce monde. Il faut m'opérer d'urgence. Anesthésie générale et direction le billard, encore une fois. Mon pauvre corps n'avait peut-être pas subi encore assez de sévices… qu'il me pardonne !

Maman et Adi sont furieux contre le médecin qui dédramatisait et sous-estimait la gravité de mon état. Son erreur d'appréciation aurait pu me coûter la vie. Pendant qu'on m'opère, ils retournent au centre de rééducation et y font un véritable esclandre. Ils décident de porter plainte contre le docteur. Une enquête interne prouvera sa culpabilité et, quelques jours plus tard, il est renvoyé pour faute grave.

À mon réveil, je suis transporté dans l'une des chambres de l'hôpital. Maman, Adi, Giuseppe, Salvatore, Jimmy, petit Giu, Véronique, Éric et Marina m'y attendent. Tous sous le choc. Cette fois-ci, j'ai compris. Même si la situation s'avère encore difficile à l'avenir, je ne referai plus jamais un tel geste. Il est hors de question que je fasse revivre une telle frayeur à ceux que j'aime.

Dorénavant, je vais me battre pour eux. Je vais leur prouver que, malgré mon handicap, je peux accomplir de grandes choses. Que je ne serai pas comme tous ces gens qui n'ont rien de mieux à faire que de passer leurs journées au centre, qui se plaignent à longueur de temps de leur condition et qui ne semblent avoir aucune issue à leur malheur. Non, je ne vais pas être comme eux. Je vais être un grand monsieur dont tous seront fiers !

Rêve

Période de coma dans ma chambre
de soins intensifs de l'AZ VUB

C'est la fête ?

J'ouvre les yeux et j'aperçois toute la famille réunie autour de moi. Tout le monde me regarde et me sourit : maman, Adi, papy et mamy, parrain, marraine et la cousine de maman.

Le décor m'est familier, je suis chez parrain, assis au milieu du salon. Il y a des ballons de toutes les couleurs gonflés un peu partout dans la pièce et, sur la table, des petits plats avec tout un assortiment d'apéritifs et de zakouskis.

La famille chante Happy Birthday en cœur et avec beaucoup d'enthousiasme. C'est donc ça : ils sont réunis pour célébrer mon anniversaire.

Parrain s'approche de moi et bascule ma tête en arrière. J'essaie de résister mais sans y parvenir. Je ferme les yeux, la lumière du plafond est aveuglante. Tout d'un coup, je sens un objet pénétrer dans mon nez. Ça fait horriblement mal.

Je crie et tente de me libérer de la chaise sur laquelle je suis installé, mais je suis comme coulé dans le béton, je ne bouge pas d'un centimètre. Je remue la tête, la seule partie du corps qui semble encore répondre à mes injonctions, et je rouvre les yeux. Mes poignets sont attachés aux accoudoirs de la chaise, je suis comme un prisonnier sur le point d'être exécuté.

Parrain est toujours devant moi et tient ma tête d'une main ; de l'autre, il enfonce une sorte de tige dans ma cloison nasale. Toujours plus profondément. Ça me brûle tellement fort que j'en ai les larmes aux yeux. J'ai le sentiment qu'on est en train d'aspirer l'intérieur de mon corps.

La famille est toujours là et semble observer la scène avec beaucoup d'amusement. Personne ne réagit ou ne semble comprendre que j'ai besoin d'aide. À mesure que je sens l'objet inséré dans mon nez se retirer, je manque d'air, je ne parviens plus à respirer, j'étouffe.

Soudain, je vois parrain. Il est dressé devant moi et s'acharne pour essayer d'enlever cet objet de mon nez. Quand il y parvient, ce sont d'énormes tas de confettis qui s'en échappent. Il les jette par-dessus les têtes de toute la famille. C'est la fête.

Au moment où parrain se rapproche à nouveau de moi et tente de basculer ma tête en arrière, j'ai des vertiges et je sens que je perds connaissance.

13

Sur des chapeaux de roue

Aujourd'hui, 13 décembre 1999, je fête mes dix-sept ans. Soyons honnêtes, l'heure n'est pas vraiment aux réjouissances. Mon opération remonte à moins de cinq jours et je dois rester allongé jusqu'à ce qu'on me retire les nombreux fils et pansements, cinglants témoins de mon acte manqué. J'ai encore un tuyau qui entre dans mon nez et relie mon estomac pour en extraire le moindre résidu inhospitalier. Et je ne peux évidemment toujours pas manger. J'ai comme l'impression que mon gâteau va m'être injecté par baxter cette année…

Le tableau n'est pourtant pas si noir. Mes amis sont tous là, rassemblés autour de moi. Et, même si ça me paraît tellement désuet aujourd'hui, ils m'offrent un cadeau dont je me souviens encore : un baladeur CD. Je suis comme un fou ! Bien sûr, maman et Adi sont là eux aussi. Ils sont ravis de voir que j'arbore un grand sourire et cette fois, il est sincère. Je repense souvent à cette fameuse nuit, les coups de couteau, le sang partout…

Mais dans quel état me suis-je mis ? Comment j'ai pu infliger ça à ceux que j'aime ? Décidément, j'avais encore beaucoup de ressort dans le domaine de la connerie !

J'ai ouvert tous mes cadeaux, mais les potes en ont encore un sous le bras. Ils m'annoncent la meilleure nouvelle que j'aie entendue depuis... en fait je ne me rappelle même plus la dernière fois que j'ai entendu une bonne nouvelle. En lieu et place de fêter le passage à l'an 2000 dans une boîte de dingue – cet événement historique que tous les plus grands fêtards du monde attendent fébrilement –, c'est ici, avec moi, qu'ils passeront le réveillon. Ce geste peut sembler anecdotique, mais je vois là une magnifique preuve d'amitié.

Le jour J, j'ai encore un baxter mais plus de tuyau dans le nez et je suis de retour au CTR. Maman nous a concocté un buffet digne des plus grandes réceptions et le champagne coule à flots. Que la fête commence ! J'ai trente-neuf de fièvre et je lutte de tout mon corps pour être en forme. Rien ne pourra gâcher ce moment. Je passe une super soirée. Je regarde avec un amour démesuré ceux qui sont autour de moi ce soir-là. Tous les Italiens répondent à l'appel, leurs copines aussi. Jimmy et sa sœur Cindy font aussi partie de cette affectueuse délégation. Et puis Enza... la dernière fille que j'ai embrassée avant mon accident.

Je ferme les yeux. Mes résolutions pour l'année à venir ? Facile. Je vais sortir de ce centre autonome et indépendant. Je vais crier haut et fort « FUCK YOU ! » à tous ces médecins qui me condamnaient à dépendre des autres jusqu'à la fin de ma vie !

Début janvier, j'ai encore quelques mois à passer dans le centre et je veux m'améliorer vite et bien. J'aborde la rééducation avec le plus grand sérieux, je ne lâche rien. Je mange des quantités invraisemblables de nourriture pour reprendre du poids et je commence les séances de musculation avec Catherine. Ah, ma grande blonde aux jolis seins ! Toujours aussi pétillante. Comme je suis heureux de la retrouver ! Elle me sert fort dans ses bras. Elle me dit qu'elle est bien contente que je ne sois pas parvenu à mes fins, elle a encore beaucoup de choses à m'apprendre… j'en suis doublement ravi.

Dès le mois de février, je suis de nouveau capable de me transférer seul dans et depuis mon lit. Je reprends donc mes petites habitudes et, dès le soir venu, me voilà vagabondant dans les couloirs du centre. Je retrouve mes camarades et constate que certains me jaugent d'un œil qui ne trompe pas. Le regard brumeux, les yeux rougis, les paupières qui luttent pour rester ouvertes… aucun doute, il y a du shit dans l'air.

Je fais ma petite enquête et je comprends que, passé une certaine heure, le fumoir se transforme en salon de thé amélioré. Hé ! hé ! Je me suis peut-être fixé plein de bonnes résolutions, elles ne m'empêcheront pas de relâcher la pression de temps en temps. Je veux en être ! Heureusement, le groupe est très accueillant et m'offre un service cinq étoiles. Non seulement ils refusent les quelques euros que j'ai en poche pour couvrir ma consommation, mais en plus ils roulent les joints pour moi. Ma main gauche n'a pas récupéré toute sa préhension fine et cette manufacture me serait tout simplement impossible.

Fumer me permet de m'évader un peu, de voir les choses de manière plus détendue, de rire avec légèreté de tout et n'importe quoi, de mieux dormir, de calmer les douleurs permanentes que je ressens dans les bras et dans le dos. On a beau m'avoir répété mille fois que, dans mon état, avec les perforations aux poumons que j'ai subies, continuer à fumer est tout simplement irresponsable, je n'y vois moi que des avantages.

Je me souviens de certaines situations assez déroutantes dont seules nos petites séances d'automédication avaient le secret. Comme cette fois où nous étions restés sans voix devant une femme d'un certain âge, au look BCBG, qui s'était jointe à nous pour tirer sur un énorme pétard. D'abord ses yeux s'étaient mis à briller, puis des larmes avaient coulé. Sa fille de dix-huit ans, livrée à elle-même depuis que sa mère était en rééducation, enchaînait les merdes. La veille, elles s'étaient violemment disputées parce qu'elle avait appris que sa fille fumait des joints. « Le premier pas vers les drogues dures, tu verras », lui avait dit sa mère. Et, pas plus tard que le lendemain, c'était elle qui jouait avec le fruit défendu. Pas de morale, pas de jugement, pas de conclusion... Ce genre de situation nous permettait de réaliser que la détresse n'a pas de limite, elle n'a pas d'âge et elle n'a pas de classe sociale non plus.

Ça y est. Mon état est stable et je suis à nouveau autorisé à sortir du centre le week-end. Je pourrais même passer la nuit à la maison. Mais voilà, elle n'est pas du tout adaptée au nouveau locataire que je suis et à ma désormais inséparable chaise roulante. Adi a fait appel à un entrepreneur pour faire un état des lieux. Ce professionnel préconise d'installer une rampe d'accès depuis la porte arrière de la maison, un ascenseur, et de complètement refaire la salle de bains. Des travaux importants, d'autant plus que, depuis mon accident, je vis de manière « indépendante » et je ne me suis pas vraiment imaginé retourner vivre à la maison. Est-ce que tout ça vaut vraiment la peine ? D'un autre côté, je ne pourrai pas encore vivre seul à ma sortie de l'hôpital. C'est l'impasse…

Quelques jours plus tard, Maman et Adi entrent triomphalement dans ma chambre, ils ont une idée de génie. Plutôt que de rendre leur maison accessible, ils vont aménager le grand garage. J'aurai un studio rien que pour moi à seulement quelques mètres de chez eux. J'aurai mon chez-moi, je pourrai inviter les potes et une ribambelle de copines, mais sans renoncer aux petits plats mijotés par maman à l'heure du dîner et au doux plaisir d'un linge propre. L'idée est brillante !

Cette intimité, je commence réellement à en avoir besoin. Ma libido se réveille à mesure que mon état s'améliore et ce n'est pas cette vidéo des années 1970 qu'on m'a montrée qui arrivera à me faire oublier ce que j'ai entre les jambes et qui réclame de plus en plus d'attention. Je repense alors à la prostituée qu'on avait payée pour les dix-huit ans de Sébastien, l'un de mes amis. Nous nous étions tous cotisés pour qu'il découvre les joies du sexe. On lui avait bandé les yeux et on l'avait embarqué en voiture rue d'Aerschot, cette fameuse rue de Bruxelles où les prostituées s'offrent à vous à travers des vitrines.

J'avoue, pas très glorifiant, mais, qu'à cela ne tienne, j'opterai moi aussi pour cette méthode. Et puis ce n'est pas comme si j'avais pléthore de choix pour enfin connaître et maîtriser mes capacités sexuelles post-traumatiques. Je ne peux décemment pas attendre d'avoir une petite amie pour passer à l'acte, je suis bien trop curieux et impatient. J'en parle à Giuseppe, que je n'aurai même pas dû essayer de convaincre. Il accepte de m'accompagner.

Le samedi suivant, il vient me chercher à l'hôpital et nous allons à Anvers faire du shopping. C'est en tout cas la version que je donne à maman. Mais Anvers, c'est aussi une ville où l'on trouve pas mal de prostituées et, surtout, j'y ai nettement moins de chance de croiser un visage familier qu'à Bruxelles. Après avoir fait plusieurs fois le tour du quartier chaud, je choisis la plus jolie d'entre elles. Celle qui sera ma petite amie pendant quelques minutes parle à peine français et semble venir d'un pays de l'Est. En tout cas, elle va droit au but. Ce sera cinquante euros pour un quart d'heure.

Giuseppe entre avec moi et m'aide à m'installer sur un lit beaucoup trop haut pour que je puisse m'y transférer seul. Une fois couché, il me souhaite bonne chance et s'éclipse. Il me faudra encore cinq minutes pour parvenir à enlever mes vêtements. Ma chaperonne me signale que l'horloge tourne et qu'il ne reste plus que dix minutes. Pas très indulgente… Elle refuse même d'enlever son soutien-gorge et m'explique que, si je veux voir ses seins et les lui toucher, ce sera en supplément. Je n'ai plus un centime sur moi, je m'en passerai.

Après m'avoir masturbé, vite fait, là, comme ça, elle enfile une capote triple épaisseur sur mon sexe et s'assied dessus. Elle me chevauchera quelques minutes en poussant des cris parfaitement simulés. Ça ne m'excite pas du tout et je n'éprouve pas la moindre sensation. Et alors que je commence à peine à me laisser un peu aller, elle se retire et me dit que le temps est écoulé. Elle sort instantanément chercher Giuseppe pour qu'il m'aide à retourner dans ma chaise.

Bilan de cette expérience : elle ne m'aura procuré quasiment aucun plaisir. J'aurai quand même eu l'occasion de voir une jolie femme nue, ou presque. Plus important encore, je suis capable de faire l'amour. La conclusion est infiniment positive. Je rentre au centre comme si de rien n'était, mais, au fond de moi, quelque chose a changé. Au diable les vieilles vidéos et autres matériels déprimants ! Je ferai mon éducation moi-même. Et je compte bien y consacrer tous les efforts et le temps nécessaires. Avec le recul, je crois que je ne me serai jamais aussi bien tenu à l'une de mes décisions...

L'aménagement du garage n'a pas encore pu débuter, le budget n'y est pas. L'État prend pourtant en charge une partie des frais, mais, étant totalement en tort lors de l'accident, je ne suis évidemment couvert par aucune assurance pour ce genre de transformations. Maman et Adi mettent toutes leurs économies sur la table, mais ça n'est pas suffisant non plus. Parrain aussi mettra la main au portefeuille. C'est en fait quand le patron d'Adi proposera d'organiser un grand dîner avec les employés de la société et de nous reverser les bénéfices que le compte y sera. Avec l'aide de tous, les travaux peuvent commencer. Ils devraient s'achever à la fin de l'été, pile au moment de ma sortie. Tout semble parfaitement se profiler...

Comme si j'étais né une seconde fois, je passe à travers un long processus d'apprentissage. Je ne manque aucun des pas me menant vers cette autonomie tant convoitée. Pus motivé que jamais, j'enchaîne les heures d'entraînement et commence même à maîtriser le *wheeling* (rester en équilibre sur les roues arrière de ma chaise), une position qui me servira à monter et descendre une bordure. Je me jure à moi-même que la persévérance sera désormais ma ligne de conduite.

Je parviens à me transférer de ma chaise à la douche, aux toilettes ou encore, beaucoup moins évident, à m'installer dans une voiture. J'apprendrai même à rentrer et à sortir ma chaise seul de la voiture. Ce simple geste signifie que je pourrai me déplacer seul, loin, où je veux et quand je veux. Je crois que je n'avais même pas imaginé une telle liberté. J'en suis tout ému.

En parlant d'émotion, une autre me vaudra la jalousie des pensionnaires du centre. Mes mésaventures, et plus particulièrement la dernière en date, ma tentative de suicide, ont reçu un accueil étonnamment chaleureux auprès de la gent féminine. Elles sont quelques-unes à venir me voir régulièrement. Parmi elles, Virginie. Superbe blonde aux yeux verts dont tous les mecs sont raides dingues. Chaque fois, sa présence à mes côtés est remarquée et je ne me lasse pas non plus de m'en vanter. C'est vrai qu'on est assez proche tous les deux et ce simple sentiment de complicité m'aide aussi à voir le futur sous un nouveau jour. Je regarde l'avenir et, pour la première fois depuis très longtemps, il me semble joli.

L'été frappe à la porte, je touche la sortie du bout des doigts. Et alors que ce sentiment m'emplit d'une joie que j'ai encore du mal à décrire, je comprends aussi ce que je vais laisser derrière moi, « ceux » que je vais laisser derrière moi. De nombreux infirmiers sont des amis maintenant. Ce ne sont plus « la Portugaise », « le black », « le pédé » ou « la grosse » que je quitte, ce sont des amis, des confidents. Des personnes exceptionnelles qui travaillent tous les jours dans des conditions souvent très difficiles et pour qui j'ai un infini respect. Ils ont joué un rôle crucial dans ma remise en état, je ne l'oublierai pas. Je leur ferai honneur en vivant encore plus intensément, comme une dédicace à chacun d'entre eux.

14

La voie est libre

L'été est là et je quitte enfin l'hôpital. Le jour est historique, mais je pense déjà à la suite des événements. Pendant mon séjour au CTR, j'ai obtenu mon diplôme secondaire. Ça n'a vraiment pas été évident de combiner rééducation et études, mais j'y suis parvenu. Aujourd'hui, et même si j'en ai la volonté, je ne me sens pas d'attaque pour entreprendre des études supérieures à temps plein dès le mois de septembre. Je n'ai évidemment pas non plus envie de rester chez moi à ne rien foutre ou à regarder la télé du matin au soir en profitant de ma pension d'invalidité.

Je repère des cours d'anglais, organisés par modules de trois mois chacun. Le premier doit commencer au mois de décembre, ça me laissera le temps de m'acclimater à ma nouvelle vie. J'aurai au moins besoin de ça. Parce que, en tant que locataire du CTR pendant plus d'un an, il est clair que j'ai évolué dans un environnement parfaitement prévu et adapté pour des gens dans ma condition. De la salle de bains aux toilettes, en passant par la taille des couloirs ou la hauteur des armoires, tout a été minutieusement pensé pour être accessible depuis une chaise roulante. Évidemment, dès qu'on met le nez à l'extérieur, c'est une tout autre histoire.

Dehors, les bordures ne sont pas celles du centre, elles sont inégales, beaucoup plus hautes, bien plus compliquées à franchir. Les routes ne sont pas les allées plates et dégagées du parc. Rentrer ou sortir d'une voiture n'est plus du tout le même exercice non plus. On doit compter avec le trafic, la circulation, les gens, les autres conducteurs qui klaxonnent et s'impatientent. Je réalise immédiatement que, même si je me sentais plus prêt que jamais à quitter mon bagne pour affronter le monde, ma rééducation ne fait en réalité que commencer. Ce sera un travail de longue haleine, qui prendra des mois, voire des années.

Et malheureusement, ce n'est pas le seul constat qui vient ternir le joli tableau que j'avais en tête. Avant même ma sortie du centre, et pour un long moment encore, je dois faire face à deux soucis de santé majeurs.

D'abord, ces douleurs que je ressens un peu partout dans le corps et qui se font de plus en plus intenses. C'est bien simple, chaque endroit de mon corps où j'ai encore la totalité de ma sensibilité – le dos, les épaules, les bras, la nuque… – me fait souffrir chaque jour un peu plus. Les médecins avaient essayé de me rassurer. Ils me disaient que tout ça était parfaitement normal puisque ces zones étaient « sur-sollicitées », qu'il fallait que je continue à m'alimenter correctement, que, en combinant sport et médicaments antidouleur – si ça s'avérait nécessaire –, j'allais gagner en masse musculaire et que tout doucement ces douleurs allaient disparaître. Mon état n'avait pourtant fait qu'empirer.

Je fais aussi état d'un autre souci médical, et pas des moins encombrants. Plus le temps passe, plus je mets de temps pour aller aux toilettes. Oui, pour faire la grosse commission. Je sais que la rééducation du système digestif doit se faire progressivement, mais je ne constate aucune amélioration, bien au contraire. À l'hôpital, déjà, étant donné que l'acte nécessitait de longues manipulations, on nous conseillait de nous pencher sur la question tous les deux jours. Donc, oui, tous les deux jours, j'étais sur le trône, à la manœuvre. Les infirmiers m'avaient montré comment réaliser ce massage abdominal qui, même s'il ne me prenait qu'une vingtaine de minutes au départ, me vidait entièrement de mon énergie. Mais de vingt minutes, je suis passé à quarante. Puis je devais y consacrer entre une à deux heures tous les deux jours. Depuis que j'ai quitté le centre, le simple fait d'aller aux toilettes me prend désormais quatre ou cinq heures. Il faut se rendre compte de la situation quand même. D'autant plus que mes poignets, déjà affaiblis, souffrent le martyre à force de faire pression sur mon ventre. Au lieu d'être un soulagement, je le vis à chaque fois comme un supplice.

Ça fait seulement un an que je suis en chaise roulante, je recommence à peine à vivre et je n'ai que dix-huit ans… J'avoue, je flippe. Du point de vue médical, l'avenir ne s'annonce vraiment pas très joyeux. Bon, en dehors de ces deux aspects-là, la vie est évidemment bien plus belle qu'à l'hôpital. En fait, depuis que je me suis réveillé du coma, c'est la première fois que je me sens à nouveau en vie.

Je sors avec Virginie ; maintenant, c'est officiel. Ma première vraie petite amie depuis mon accident. Et même si on n'a pas vraiment de relations sexuelles très épanouies, elle m'apporte toute la tendresse et l'attention dont j'ai besoin. Je redécouvre mon pouvoir de séduction et elle me redonne confiance en moi. Ça n'a pas de prix. Notre relation ne durera pas très longtemps. On n'aura pas vraiment de gros clash, mais je crois qu'à ce moment-là je n'étais pas encore tout à fait prêt à mener une relation sérieuse et durable. J'ai encore certainement beaucoup de chose à apprendre. Sur moi, sur ma condition, sur mon rapport aux autres. À cette époque et avec elle, je prends surtout conscience de tout ce que je ne pourrai pas donner à une femme, plutôt que de ce que je peux lui apporter. Mais c'est une fille géniale et nous nous quitterons en très bons termes.

Et puis, les potes, bien sûr. Je les revois enfin dans un autre contexte que celui du centre. Le garage aménagé est l'idée du siècle. Maman est là et m'accompagne au quotidien dans tous les gestes qui requièrent encore de l'aide, elle me prépare de bons petits plats, elle s'occupe de mon linge et, quand j'ai besoin d'intimité, je n'ai qu'à demander. C'est là que les potes débarquent et que commencent nos petites soirées. Ça fait plaisir !

À mesure que le temps passe, je parviens assez bien à m'accommoder de mon état physique et des contraintes qu'il m'impose, tout en profitant de ma vie sociale. Une belle illustration de ce joyeux arrangement restera pour toujours les soirées qui finissent toutes, sans exception, dans ma salle de bains. Les potes étaient bien évidemment au courant des difficultés que j'avais à aller aux toilettes et du temps que ça pouvait me prendre. Et ils avaient tout naturellement pris l'habitude de s'installer autour de moi. On continuait la soirée comme si de rien n'était, les discussions fusaient, les joints tournaient. On en arrivait même à complètement oublier la situation parfaitement incongrue dans laquelle on se trouvait. C'est ça, l'amitié, on ne te lâche jamais, surtout pas quand t'es dans la merde.

En tout cas, une chose est certaine, mes craintes d'un jour devenir un « dépendant de l'hôpital » ou de devoir absolument m'entourer de mes congénères pour me sentir moins seul n'en sont plus. Je ne ressens ni l'envie ni le besoin de retourner au centre. Ça, c'est fait. En fait, je me dis – et c'est aussi ce que je ressens dans le regard de ceux qui m'entourent – que mon handicap n'est que physique. Il ne tient qu'à moi d'avoir une vie. Bon, je dois bien reconnaître que je garde pour moi toute une série de questionnements, de réflexions ou de doutes. Non pas que je n'en parle pas, mais je le fais seulement dans une moindre mesure. Je peux parler librement de ce qui m'inquiète ou de ce qui me fait mal avec mes proches, mais je sais aussi que seuls ceux qui se retrouvent dans la même situation peuvent réellement me comprendre. C'est probablement ça le prix de la réinsertion. Et je suis prêt à le payer.

Finalement, les deux seules personnes du centre avec lesquelles je suis resté en contact sont Catherine et Éric.

Catherine viendra plusieurs fois à la maison pour manger ou prendre un verre. Quant à Éric, je resterai et suis toujours très proche de lui. Surtout à cette époque. On se voit souvent, on reste au téléphone pendant de longues heures. Il est celui avec qui je peux parler de tout, me lâcher sans contrainte. Je sais qu'il sait d'où je viens, je sais qu'il me comprend.

Et puis, petite cerise douce et sucrée sur le gâteau que je déguste au cours de ma période de réintroduction en milieu naturel, je passe et obtiens facilement mon permis de conduire. Grâce à l'aide de maman et Adi, mais surtout à la pension d'invalidité que je touche de l'État et que je n'aurai même pas un peu entamée pendant mon séjour à l'hôpital, je peux m'acheter une voiture. Une jolie petite Volkswagen Polo noire toute neuve et adaptée. Le vent de liberté vient tout juste de se lever…

15

Pilote automatique

Les cours d'anglais se passent bien. Je goûte à la liberté et ne me lasse pas de son enivrante saveur. Je prends ma voiture pour aller aux cours, je fais de nouvelles rencontres et, même si ça peut paraître idiot, je découvre que je peux lier de nouvelles amitiés. Tout ça doit vous paraître banal, mais une vie sociale encore plus riche que celle que j'avais déjà avec les potes, c'est bien plus que ce que j'avais espéré.

Le mois de juin 2001 arrive, je pars en vacances dans le sud de la France avec maman, Adi et Giuseppe. On passe tous un agréable moment. Septembre frappe à la porte et je rentre à l'Ephec, l'École pratique des hautes études commerciales de Bruxelles. Ce n'est pas vraiment mon premier choix. J'aurais préféré faire des études de journalisme et réaliser mon rêve d'adolescent, mais l'école n'est pas adaptée, peu le sont en fait, et je devrai y renoncer. J'atterris donc à l'Ephec. Non seulement c'est l'une des seules écoles accessibles – avec parking sous-terrain, toilettes adaptées, ascenseurs… –, mais de plus pas mal de potes y sont déjà ou y rentrent. Et puis je me dis que des études de marketing pourraient assez bien me convenir. Une orientation suffisamment large pour des débouchés variés, ça me va.

Huit heures du matin, jour de la rentrée. Nous sommes tous rassemblés dans la cour. Les profs font l'appel des étudiants pour les répartir dans les différents groupes. C'est là que je fais la connaissance de Mathieu. Il a l'air ravi de découvrir que je serai dans sa classe et, en guise de cadeau de bienvenue, il me fait une énorme soufflette. Mais oui, vous savez, c'est quand l'autre tire une grosse bouffée sur un joint puis le met à l'envers dans sa bouche, vous mettez ensuite les mains autour pour faire un conduit plus ou moins hermétique et il vous envoie toute la fumée. Vous, vous aspirez une seule grosse fois, mais c'est comme si vous veniez d'en fumer dix. Je n'ai pas l'habitude de fumer au petit matin et je me retrouve complètement défoncé sans savoir à quel cours me présenter ni où aller. J'ai évidemment manqué l'introduction et la présentation de certains profs, quelle belle entrée en matière !

Avec Mathieu, puis Gaëtan, Sylvain et quelques autres, on devient vite inséparables. Cette belle bande de potes s'ajoute à la clique des Italiens et Jimmy, qui compte désormais un membre de plus dans ses rangs, Thomas, qui est à l'école avec Salvatore. Que ce soit avec les uns ou les autres, je suis de sortie du jeudi au lundi. On va souvent au *Carré*, cette boîte de dingue près d'Anvers, où on enchaîne les virées mémorables. On les pousse parfois un peu plus loin aussi. Comme cette fois où, la veille d'un examen, Mathieu avait reçu un coup de fil d'une de ses amies dont le petit ami était le manager de Corneille, le chanteur français. Elle nous invitait tous à son concert qui devait avoir lieu à Lille, avec accès au backstage et dîner en présence de la star... Trois cents kilomètres aller-retour, on était de retour à quatre heures du matin, on n'a pas hésité longtemps et on ne l'a jamais regretté.

C'est une époque où j'arrive encore assez bien à assurer la vie scolaire et la déglingue. Je comprends très vite que le marketing, c'est surtout une question de logique et de bon sens et que je ne dois pas vraiment étudier pour réussir. Les profs me diront souvent qu'ils se rendent bien compte que je n'en fous pas une, mais que je semble comprendre l'essentiel du propos et ils ont l'air de s'en contenter. En tout cas, je ne regrette pas mon choix. Je peux avoir un rythme de vie comme je les aime. Faire la fête, pas trop bosser et réussir. Mais ce que j'apprends aussi me convient assez. Je me dis qu'un jour je pourrais bien me servir de toutes ces techniques de vente et de communication. Je serai mon propre patron, je ne suis pas très bon serviteur face à l'autorité, et je ferai du business. Voilà qui est dit.

Quand je regarde en arrière, je réalise à quel point mon rythme de vie a changé depuis l'hôpital. Maintenant, le matin, c'est fumage de joints avant les cours. Le midi, fumage de joints avant la reprise. Et le soir, refumage de joints avec les Italiens, Jimmy et Thomas. C'est devenu une habitude et quand un jour la cocaïne fait irruption dans le groupe – même si, je le savais, on me l'avait assez répété, y goûter, c'est franchir un cap dont on ne revient souvent jamais –, je n'hésite pas longtemps et, comme toujours, ma curiosité l'emporte. L'effet de la coke me plaît tout de suite beaucoup. À la différence de l'herbe ou du shit, qui rendent apathique, tout à coup, tes facultés sont décuplées. Ton aptitude à t'exprimer, à formuler tes réflexions, à ressentir avec enthousiasme différentes situations. Mais ce ne sont pas les seuls avantages que je lui trouve.

Je souffre toujours de devoir passer des heures aux toilettes – parfois jusqu'à huit heures d'affilée maintenant. Je ne parle de ça à personne à l'école. Mais je manque évidemment de sommeil et je réalise que la coke me permet de rester éveillé ou de passer des nuits blanches sans trop en ressentir les dégâts. C'est bien simple, pendant les trois années que je passerai à l'Ephec, il y aura très peu d'examens oraux auxquels je ne me présenterai pas sous l'effet de la coke. Je peux m'en passer pendant l'année, mon état léthargique ne m'empêche pas d'assister aux cours. Il me suffit d'être présent physiquement. Mais les examens, et en particulier les examens oraux, c'est autre chose. Il faut être concentré, agir, interagir, produire. En toute honnêteté, je ne regrette pas vraiment tout ça. La vérité, c'est que je ne la prenais pas que pour la défonce, ma condition médicale m'y incitait.

Aucun regret ? Pas si sûr. Ce n'est en tout cas pas vraiment ce que j'ai ressenti un jour, en plein examen oral de déontologie de l'entreprise. Je passais le premier, il devait être huit heures du matin. Je n'avais pas dormi depuis plus de vingt-quatre heures et je venais de me faire une latte de coke dans les toilettes pour me remettre d'aplomb. J'étais face au prof et faisais de mon mieux pour répondre à ses questions, penché au-dessus du petit bureau qui nous séparait quand, tout à coup, une jolie petite boulette de cristal blanc s'est décrochée de mon nez pour atterrir de manière flagrante sur la feuille posée devant nous. La prof m'a regardé droit dans les yeux. Elle n'a rien dit. Mais j'ai lu dans son regard la détresse et aussi la pitié que je lui inspirais. Je me suis vraiment senti minable. Mais bon, elle ne savait pas non plus que j'avais passé la nuit sur les chiottes, une de plus, son syllabus posé sur les jambes, à faire tout mon possible pour retenir les informations qui défilaient sous mes yeux, tout en n'arrêtant pas de masser mon ventre. Non, ça, elle ne le savait pas et je n'allais pas lui raconter non plus.

Je me dis parfois que j'aurais peut-être pu me passer de la coke et tout aussi bien réussir. En tout cas, à l'époque, c'était comme un droit légitime que je m'octroyais. Une sorte de dédommagement au vu de ma condition et qui en apparence ne m'aura finalement valu que de bonnes choses, puisque, pendant toutes mes années d'études, je n'aurai aucune note en dessous de soixante-dix pour cent. Et l'autre version de l'histoire, on ne la connaîtra jamais.

La confiance, je la gagne aussi de plus en plus avec les filles. Au cours de nos soirées, il n'est pas rare que je me retrouve à flirter avec deux ou trois nanas assises sur mes genoux. Ça rend d'ailleurs les potes fous de jalousie. À tel point qu'ils me diront souvent – en rigolant (?) – qu'eux aussi sortiraient bien en chaise roulante. Ça ne fait pas l'ombre d'un doute, ma machine infernale attire les meufs. Je peux même me permettre d'être sélectif.

Au début, avec toute ma ferveur et mon enthousiasme, j'acceptais volontiers tout ce qui me passait sous la main. Mais, avec le temps, je me rends compte que j'ai le choix, que je peux en repousser certaines et ne m'offrir qu'aux plus jolies. Je ne vais pas me gêner.

Parmi toutes mes prétendantes, c'est Élisabeth qui retient mon attention. Elle va aussi à l'Ephec et ça fait un moment qu'on sort ensemble. Tous les deux, on va connaître une vraie relation amoureuse. Le plaisir du sexe et des caresses, mais pas que. Je découvre la tendresse, la complicité, les câlins du soir avant de s'endormir ou du matin au réveil. Je n'avais pas connu ça avant mon accident et encore moins pendant mon séjour à l'hôpital, mon expérience avec la prostituée n'avait certainement pas laissé de traces indélébiles dans le grand livre des bonheurs partagés. Un véritable état de grâce. De plus en plus, je me dis que ma vie n'est vraiment pas si mal que ça... Quel chemin parcouru !

Un sentiment qui va trouver un écho tout particulier avec une autre rencontre. Comme souvent le samedi, et comme à peu près tout ceux que je connais, je ne rate pas l'émission télé de Thierry Ardisson *Tout le monde en parle*. Un soir, il reçoit sur son plateau un invité qui va jouer un rôle crucial dans la suite de mon parcours. Il s'appelle Bruno de Stabenrath, il est lui aussi tétraplégique et vient d'écrire un livre, *Cavalcade*.

Je découvre un homme dans un état physique encore plus contraignant que le mien, mais qui respire la joie de vivre, qui partage ses expériences avec légèreté, humour, sarcasme. Un homme d'une quarantaine d'année, belle gueule, bien dans ses pompes, qui fait état de ses relations multiples avec les femmes, raconte avec aisance ses anecdotes en rééducation. Quelle leçon ! Je suis pendu à ses lèvres. Maman m'achète son livre et la révélation ne sera que confirmée. Si j'en doutais encore, ce n'est plus le cas. Il m'inspire. Comme lui, je veux vivre. Pas juste vivoter, comme ça, en acceptant ma situation, non : je veux vivre en grand.

À ce moment-là, je ne sais pas que la vie me réserve encore quelques jolis chapitres et que j'aurai un jour la chance de le rencontrer. Nos chemins se croiseront quand je créerai ma fondation, mais de ça je reparlerai plus tard.

16

Excès de vitesse

Je suis toujours étudiant à l'Ephec quand on relance l'idée de partir pour Ibiza. Enfin, plus précisément, quand *je* relance l'idée de partir pour Ibiza. Je n'ai jamais renoncé à ces vacances qu'on avait planifiées avec les Italiens et Jimmy juste avant mon accident. Je me sens physiquement d'attaque, on est tous célibataires (sauf le grand Giu, qui ne viendra pas pour cette raison), le moment est idéal pour enfin vivre cette aventure qui devait rester gravée à jamais dans les annales.

À force de persuasion – pas toujours facile de convaincre les potes de réserver tant de temps à l'avance –, une joyeuse bande de six fêtards met le cap sur l'île, dont le nom traduit en vieil espagnol veut tout dire : « faire la fête jusqu'à en tomber ». On va tout faire pour s'en montrer digne. En passant dix jours dans un hôtel *all inclusive* en bord de plage, avec soleil et alcool à volonté, on devrait pouvoir y arriver.

On débarque sur place et on prend immédiatement possession de nos appartements. Dans la foulée, on déballe sur la table de la terrasse tout le matos destiné à faire de notre séjour ce moment inoubliable. Pas les maillots, la crème solaire ou les planches de surf, non. Pour nous, Ibiza, c'est priorité à la défonce et à la fête sans limite. Je fais donc bien entendu référence à toutes les drogues qu'on avait chacun commandées avant de partir et que j'ai personnellement acheminées jusqu'ici.

Eh ! Pas cons, les mecs : on savait que les prix pratiqués sur l'île seraient exorbitants, qu'on n'aurait aucune garantie sur la qualité et que donc il fallait qu'on s'approvisionne à Bruxelles. Et, évidemment, on s'est dit qu'avec tout ce qu'on emportait il valait mieux prendre le moins de risques possible et que la meilleure solution était que l'handicapé de service, qui avait certainement moins de chance de se faire contrôler, soit le passeur idéal. Sur la table, herbe à profusion, ecstasy, cocaïne, cinq à six verres d'alcool par personne, on met la musique à fond… notre petit régime estival pouvait commencer !

Dix jours et dix nuits de défonce. Pari tenu ! On se réveille en général dans le courant de l'après-midi. On va chercher notre repas, essentiellement composé de frites, on prend une douche et on commence à boire et à fumer. Le soir, on enchaîne avec les drogues plus dures. Vers vingt-deux heures, on va en pré-club, vers une ou deux heures du matin on va en club, et vers six ou sept heures on termine en after sur la plage. Si l'île ne s'arrêtait pas, nous non plus. Un rythme très soutenu que, même malgré mes douleurs et mes problèmes de chiottes, je n'ai jamais lâché. Souvent, alors que les autres récupéraient un peu, j'étais de corvée forcée aux toilettes. Je pourrais compter sur les doigts de la main le nombre d'heures de sommeil que j'ai accumulées pendant ces dix jours.

Évidemment, ça devait arriver, il a fallu que mon corps me lâche. Je m'en souviens très bien. Un matin, alors que les autres rentraient d'une sortie à laquelle je n'avais, pour une fois, pas participé, ils m'ont découvert dans un drôle d'état. Ma tête tout entière avait triplé de volume, je ressemblais à un bonhomme Michelin. Leur première réaction en voyant ma gueule a été d'éclater de rire. Ils ont ensuite pris des photos pour partager cette vision truculente avec les camarades restés aux pays. Mais, quand on a compris que ça n'allait pas en s'améliorant, on a quand même eu la présence d'esprit d'appeler un médecin. Il arriva en urgence à l'hôtel. Son diagnostic fut aussi rapide et clair que sa prescription : *« Go easy on drugs, guys ! Go easy ! »* (Allez-y doucement avec les drogues, les gars ! Allez-y doucement !)

Malnutrition, manque de sommeil, consommation de drogues, d'alcool, passer de la fournaise aux « air-co » des boîtes de nuit… on avait tellement poussé nos corps dans leur retranchement, réduit notre système immunitaire à néant que Salvatore et moi, on s'est retrouvé avec une grippe carabinée et quarante de fièvre sous 35 degrés. On avait vraiment l'air de deux clampins quand on parcourait les mille petits mètres qui séparaient l'hôtel de la pharmacie. Salvatore puisait dans ses réserves pour péniblement pousser ma chaise sous le soleil de plomb. Cette simple activité nous prenait des heures, on s'arrêtait toutes les deux minutes pour reprendre des forces. On était au bout de notre vie, c'était vraiment pitoyable. Mais putain, qu'est-ce qu'on a ri !

Dans la série pathétique, mais hautement comique, on en a fait d'autres. Je me rappelle la seule fois où on a eu la bonne idée d'aller prendre le petit déjeuner à l'hôtel. Généralement, quand on rentrait de soirée, on fonçait tout de suite dans nos chambres. Mais, cette fois-là, on avait bien envie de se mettre un petit quelque chose sous la dent avant de retrouver Morphée. La veille, il y avait eu des inondations assez impressionnantes et le réfectoire était encore inondé. D'abord, à notre grande et heureuse surprise, on a découvert que, même le matin à sept heures trente, ils servaient des frites. Et puis, pour rigoler un bon coup, on s'est dit que ce serait plus simple d'accéder au buffet en transport maritime. On a donc sorti les maillots et gonflé les matelas. Et nous voilà tous les six, complètement défoncés, avec nos colliers à fleurs et nos bracelets fluo, témoins de nos dernières péripéties en boîte, en train de flotter sur nos matelas pour s'acharner sur le buffet, sous le regard terrorisé des quelques familles qui espéraient prendre leur petit déjeuner tranquillement. Je n'oublierai jamais ce moment. Ce fou rire de plusieurs dizaines de minutes qu'on ne parvenait plus à contenir.

Il y eut d'autres scènes d'anthologie comme celles-là. Comme cette fois où les voisines, avec qui on jouait à se taquiner, avaient badigeonné de merde la façade de notre appartement. Y en avait vraiment partout, c'était affolant. Ou quand un groupe d'homos, qui avait jeté son dévolu sur moi, a eu la bonne idée de mettre de l'ecsta liquide dans mon verre sans que je m'en rende compte. Ça a provoqué chez moi des délires proches de la transe, mais ça a aussi certainement participé à la soirée la plus psychédélique et la plus mémorable de ma vie. On repense encore souvent à ces moments et on en rigole beaucoup. Surtout parce que tout s'est bien passé finalement. Mais on reconnaît aussi qu'on a quand même poussé le truc un peu loin.

C'est vrai que la défonce a rendu ces moments encore plus inoubliables, mais il n'y avait pas que ça. Ces vacances ont encore un peu plus scellé notre amitié. On s'est tous tellement bien entendu. Personne, à aucun moment, n'a eu un mot plus haut que l'autre. Tout au long du séjour, on a été soudé, complice, on a vécu des histoires rocambolesques, des moments de joie extrême, des épisodes que l'on ne vit certainement qu'une seule fois dans une vie et qui bien entendu tissent des liens à jamais. En rentrant de notre épopée, on est cadavérique, crevé mais heureux. Je me fis la promesse de ne plus jamais refaire ce genre de plan, mon état ne me le permettrait pas. Mais je pourrais peut-être m'y prendre un peu plus intelligemment la fois suivante…

17

Zone interdite

Ma relation avec Élisabeth a duré plus d'un an. Elle aura vraiment été parfaite jusqu'au bout. Juste avant que je ne décide de relancer le projet Ibiza, se rendant bien compte que les études de marketing n'étaient pas faites pour elle, Élisabeth a décidé de partir pour l'Angleterre pour y être jeune fille au pair. Nous nous sommes quittés le cœur triste, mais heureux des moments partagés. J'étais donc de nouveau célibataire. J'ai toujours autant de succès quand je sors et, l'année qui suit, j'en profite. Jusque-là, rien de sérieux. Rien de sérieux jusqu'au jour où Nina entre dans ma vie.

Je la rencontre dans l'un des restaurants où je vais déjeuner de temps en temps. Elle y travaille tout en faisant des études et nous sympathisons rapidement. Elle est néerlandophone et, avec mon anglais, ses quelques mots de français et mes quelques mots de néerlandais, on ne s'en sort pas trop mal. Au début, c'est évidemment juste amical, ses patrons sont toujours dans les parages et la situation ne se prête pas trop à la drague. On sent pourtant tous les deux que quelque chose se passe.

Je la trouve magnifique. Elle est l'incarnation même de mon idéal féminin. Une grande et belle brune aux longs cheveux bouclés, plein de volume, comme j'en raffole. Elle me regarde avec ses grands yeux bruns qui lui donnent des airs de tigresse, me parle avec cette bouche délicieuse dont je n'arrive pas à décrocher le regard et puis elle est merveilleusement bien foutue. Je suis complètement sous le charme.

Le jour où nous nous croisons en soirée sera pour nous le premier d'une longue et tumultueuse aventure qui marquera à jamais mes rapports avec les femmes. Même si, au début, tout semble se passer tout à fait normalement.

Ce que je sais de Nina à l'époque est assez simple et compliqué à la fois. Elle n'a que très peu de famille et vit avec sa colocataire à Bruxelles. J'ai entendu dire qu'elle avait un lourd passé familial. Elle fait des études de droit et a un job d'étudiante dans le petit resto où j'ai pris pour habitude d'aller presque chaque semaine. Voilà en gros ce que je sais de cette fille dont je suis tout doucement mais sûrement en train de tomber amoureux.

On s'est vite découvert de nombreux points communs et on s'entend à merveille. Elle passe de plus en plus de temps à la maison, maman et Adi l'aiment beaucoup eux aussi et on programme même des vacances tous ensemble. L'alchimie est totale, tant du point de vue de nos caractères que sur le plan sexuel. J'avais de mon côté déjà accumulé pas mal d'expériences et elle aussi semblait en connaître un rayon en la matière. Elle était d'ailleurs bien plus expérimentée que moi. On adorait découvrir de nouvelles choses ensemble, mais elle m'en apprenait beaucoup aussi. Même si ça me rendait fou de jalousie, je voulais toujours en savoir plus sur ses aventures passées. Questions auxquelles elle me répondait volontiers, même si ça me rendait dingue. Je me rassurais en me disant que ça faisait désormais partie du passé et qu'il ne tenait qu'à nous d'écrire l'avenir ensemble.

Jusqu'au jour où Jimmy débarque à la maison. Nina n'était pas là. De but en blanc, il me dit qu'il a quelque chose d'important à me dire et que ce ne sera pas facile à entendre. Il me demande s'il peut aller sur mon ordinateur et ouvre la page d'un site d'escort girls. Je découvre des photos de Nina, disponible sur rendez-vous. Elle porte un autre prénom.

Jimmy m'explique que Nina s'est violemment disputée avec sa colocataire et que cette dernière, en guise de représailles, lui a tout balancé sur la double vie de ma chère et tendre. Que c'est en fait comme ça que Nina préfère arrondir ses fins de mois, parce que, bien entendu, cette activité rapporte un paquet de pognon pour un minimum d'heures et d'efforts. Je tombe des nues. Je me demande si elle a été forcée, s'il y a une mafia derrière, je panique et m'imagine le pire. En fait, je ne connais rien à ce milieu. Je ne sais pas exactement en quoi ça consiste d'être escort et je me dis que le mieux est simplement de lui demander des explications.

Le soir même, je l'assieds devant l'ordinateur et lui montre mes découvertes du jour. Sa réaction n'est pas vraiment celle que j'imaginais. À la vue de ces images, elle fond en larmes. Elle a l'air complètement sous le choc. Elle m'explique qu'elle ne comprend pas comment ces photos sont arrivées là. Je savais que, de temps en temps, elle faisait des photos pour des catalogues de vente par correspondance et c'est vrai qu'il lui était arrivé de présenter de la lingerie. C'est comme ça qu'elle explique l'existence de ces photos, mais elle ajoute que quelqu'un a dû se les procurer pour chercher à lui nuire ou s'en servir à des fins commerciales.

Je ne sais vraiment pas si je peux la croire. Elle a vraiment l'air scandalisée, elle me répète que quelqu'un a volé ses photos, elle me dit qu'elle m'aime, qu'elle ne me ferait jamais une chose pareille. Mais plus j'y pense, plus j'ai des doutes. J'ai en tête que certains soirs il lui arrive de quitter la maison à des heures assez impromptues et pour quelques heures seulement. Elle me dit qu'elle a des travaux à terminer pour l'école, qu'elle rencontre ses professeurs ou qu'elle s'occupe de paperasse administrative pour arrondir ses fins de mois et, bien entendu, jusque-là, je n'avais aucune raison de ne pas la croire.

Les quelques jours qui suivent sont tout simplement infernaux. Je suis complètement parano. Je fouille dans son téléphone, je la suis en voiture, je n'arrête pas de me poser des questions et je remue cette histoire dans tous les sens. Ça ne peut plus durer, j'en ai marre, il faut absolument que j'en ai le cœur net. Je décide alors d'appeler cette agence d'escort et de prendre rendez-vous avec ma demoiselle. Dans un premier temps, je demande de la rencontrer à deux dates où je sais pertinemment qu'elle ne sera pas à Bruxelles, puisque nous sommes censés partir en vacances avec maman et Adi. Ma correspondante au téléphone me précise en effet que la fille que j'ai choisie n'est pas disponible ces jours-là. Nous convenons d'une autre date.

Le jour venu, une demi-heure avant notre rendez-vous, Nina quitte la maison en m'expliquant qu'elle doit partir pour finaliser un projet pour l'école. Je la suis en voiture. Je ne suis même pas surpris quand je découvre qu'elle se rend à l'hôtel que la société d'escort m'a indiquée. Cette fois-ci, plus aucun doute ne subsiste, mon amoureuse vend son corps pour de l'argent. J'aurais tout cassé.

Je ne monte pas dans la chambre d'hôtel, mais l'attends à la maison. Dès qu'elle passe le seuil de la porte, je lui explique ce que je viens de faire, ce que je viens de découvrir et qui est désormais sans appel. Je suis hors de moi. Je la traite de tous les noms : menteuse, sale pute, salope… Aucun adjectif n'est assez fort. Elle s'est ouvertement foutue de ma gueule, elle est allée beaucoup trop loin. Je lui dis que notre relation est finie et que je ne veux plus jamais la voir.

Les vacances en République dominicaine avec les parents se feront sans Nina. Pas facile de leur expliquer les raisons de notre rupture, mais, quand ils en connaîtront les détails, ils ne pourront que me soutenir. J'ai quand même vu dans les yeux de maman son désarroi et sa déception. Ils se faisaient une joie de partir avec elle. Maman pensait que j'avais trouvé la femme de ma vie et, secrètement, elle me l'avouera plus tard, elle se voyait déjà grand-mère. Ma douleur est donc partagée, ça me soulage un peu. Évidemment, ça ne me guérit pas.

D'autant plus que, même si je refuse de la voir, Nina continue à m'appeler, à m'envoyer des messages. Elle me dit qu'elle m'aime, qu'elle regrette, qu'elle me doit des explications, qu'il faut qu'on se voie... J'ai beaucoup de mal à résister. Je l'aime, cette fille. Elle me manque et, physiquement, j'ai toujours tellement envie d'elle.

Alors il va se passer quelque chose dans ma tête. Je lui en veux à mort, mais je meurs d'envie d'encore lui faire l'amour. Je me dis alors que je vais lui faire payer son petit jeu et que je vais en même temps en profiter. Tu veux faire la pute ? Parfait, tu vas devenir MA pute. Je décide de la rappeler et l'invite à passer à la maison. Elle arrive et se lance dans des explications. Ça ne tient pas la route. Elle me dit qu'elle n'a pas toujours fait ça, qu'elle ne le fait plus d'ailleurs et qu'un jour, si elle y parvient, elle essaiera de m'expliquer les vraies raisons qui l'ont poussée à en arriver là. Je fais mine de la croire, mais dans ma tête je ne pense qu'à une chose : me venger.

Je suis depuis toujours farouchement opposé à toute forme de violence envers les femmes, donc je me vois mal lui envoyer une grosse tarte dans la gueule. Mais je suis résolu à la faire payer pour ce qu'elle m'a fait subir et je vais aller tellement loin que ce sera elle qui finira par me quitter. Ça cogite dans ma tête et puis une idée jaillit. Je me dis que, sur le plan sexuel, j'ai peut-être une piste. Et, une chose en entraînant une autre, on commence à se toucher, à se caresser et, comme pris d'une pulsion, je commence à lui claquer les fesses, puis les seins, je lui donne l'impression de vouloir la prendre même si elle résiste. Elle entre dans mon jeu.

Retournement de situation. Moi qui croyais que, en faisant preuve de violence, j'allais l'éloigner de moi, c'est tout le contraire qui se produit. Elle adore ça. Pis, elle en redemande. Le plus gros souci, c'est que, moi aussi, ça m'excite au plus haut point. Et c'est comme ça que tout doucement ce qui devait être de la vengeance va devenir une pratique à laquelle nous allons nous adonner toujours un peu plus, poussant toujours plus loin nos limites.

Jeux de rôle au cours desquels elle fait semblant de me résister, séances soutenues de sodomie... nos rapports deviennent de plus en plus violents. Elle est maligne. Elle sait que je suis fou amoureux et que nos petits jeux me plaisent. C'est à nouveau elle qui me tient. J'en suis conscient, mais j'aime trop ça pour m'éloigner et je me dis surtout qu'avec le temps peut-être que je finirai par lui pardonner et que nos rapports retrouveront une dynamique « normale ».

Notre vie au quotidien a donc un peu évolué. Je suis déjà quelqu'un de possessif, mais, avec elle, c'est devenu maladif. J'en arrive à l'enfermer à clé chez moi quand je sors en boîte avec les potes. Et elle sait très bien comment tirer profit de la situation. Je me rappelle d'une nuit. J'étais au *Carré* avec toute la bande en train de m'éclater quand j'ai reçu un message. Elle me disait qu'il fallait que je rentre à la maison le plus vite possible parce qu'elle avait une petite surprise pour moi. Bien sûr ça a éveillé ma curiosité, bien sûr je n'ai eu envie que d'une chose, bien sûr j'ai planté tout le monde et j'ai filé droit chez moi.

Ce soir-là, elle aura réalisé l'un de mes plus grands fantasmes de l'époque. Elle m'attendait, sur le lit, ses jolies petites fesses pointées vers moi, dans une tenue qui me rendait complètement dingue. C'était le temps de Britney Spears et de son fameux *Baby One More Time*. Dans son clip, la chanteuse portait une tenue d'écolière plutôt coquine, avec minijupe, chemisier au décolleté prometteur, chaussettes jusqu'aux genoux et deux couettes qu'on avait juste envie d'attraper. C'est dans cette tenue que Nina m'attendait. Elle s'est retournée vers moi, m'a regardé droit dans les yeux et m'a offert le plus sévère « Je veux que tu me baises comme tu ne m'as jamais baisé... » qu'il m'ait jamais été donné d'entendre. Comment pouvais-je humainement lui résister ?

On a poursuivi sur notre lancée. Elle m'a fait découvrir toutes les techniques possibles et imaginables pour parvenir à faire jouir une femme. Les plus puissantes aussi. Elle m'a un jour expliqué que l'étranglement pouvait être une source inégalable de jouissance et que, combiné à d'autres manipulations, c'était l'orgasme assuré. Je me rappelle avoir pratiquement ma main tout entière en elle, puis lui lécher le clitoris tout en l'étranglant. Au moment où j'ai relâché la pression pour la faire jouir, j'ai découvert ce qu'était une femme fontaine. Ce jour-là, elle a pris du plaisir comme jamais elle ne l'avait fait auparavant. Moi aussi.

Les jeux sexuels s'enchaînent. Faire l'amour dans des lieux publics devient notre nouvelle lubie. On adorait prendre la voiture, filer sur l'autoroute pour quitter Bruxelles et éviter les têtes connues, et le plan consistait à se mettre à hauteur des camions. De leurs cabines, ils avaient une vue imprenable sur les fesses et le vagin de ma douce, qu'elle collait délicatement sur la vitre pendant qu'elle me taillait une pipe. Quel merveilleux ballet de coups de klaxon et appels de phares ! Ça les rendait dingue. Ça nous rendait dingue.

Nina est ainsi parvenue à ses fins. Elle a réussi à me récupérer, me retenir et me garder. Le sexe aura eu raison de moi. Je dois dire que parfois ça m'effraie. Je me demande souvent si nous avons des limites, où tout ça va nous mener. C'est un engrenage dans lequel on s'engouffre sans vraiment se rendre compte que c'est une pente aussi glissante que dangereuse. En tout cas, on ne remet plus en doute notre relation. D'autant plus qu'elle accepte toutes mes conditions. Elle rentre à la maison dès qu'elle termine les cours ou le travail, reste à la maison quand moi je sors… Je sais pertinemment que ce n'est pas sain. Elle est devenue mon esclave, morale, sociale et sexuelle.

Inévitablement, je me poserai beaucoup de questions sur mon goût pour le sadisme avec Nina. Trouver du plaisir et procurer du plaisir en passant par la douleur que je pouvais infliger à autrui est quelque chose qui à l'époque me dépasse. Avec le recul, je comprends que ma condition de tétraplégique avait généré chez moi une profonde frustration. Je ne pouvais plus prétendre dominer qui que ce soit physiquement. Quand un connard m'emmerdait, je n'avais aucune emprise sur lui. Vous savez, cette sensation que l'on ressent juste en regardant la personne de haut, en s'approchant et sans même le toucher, en lui faisant comprendre que si on le voulait, on lui démonterait la gueule. Je le vivais vraiment comme de l'impuissance. Avec Nina, c'est moi qui dominais, c'est moi qui contrôlais, c'est moi qui faisais subir. Je suis aujourd'hui convaincu que cette violence, cette agressivité, me permettait simplement de compenser ma vulnérabilité. Aurais-je un jour suffisamment confiance en moi pour ne plus devoir recourir à ces pratiques pour me sentir puissant ? L'avenir nous le dira.

18

Appel de phares

Je suis maintenant en deuxième année à l'Ephec et je vais bien. Je suis toujours avec Nina et elle continue à remplir sa part du contrat. J'ai toujours de bons résultats scolaires et j'enchaîne les sorties avec les potes. Tout va bien, normalement bien, un peu trop bien… Tout ça manque un peu de piquant. Quand j'apprends qu'aucune fête de fin d'année n'est prévue pour les étudiants de l'Ephec, la mission m'apparaît comme une évidence.

Sans faire part de nos intentions aux instances dirigeantes, ni au Conseil des étudiants, Gaëtan, moi et quelques acolytes prenons la liberté d'organiser cette soirée que nous voulons d'anthologie. On tombe vite d'accord sur le nom à donner à l'événement : « Ephec Is Burning » (L'Ephec brûle). On choisit la date, on trouve le lieu et on commence la promo. Nous n'avons aucune autorisation officielle pour organiser ces festivités, mais ça ne nous empêche pas d'utiliser le logo de l'école pour nos affiches, nos flyers et les entrées. On engage un DJ et des stripteaseuses. La soirée commence à faire parler d'elle et, le jour J, nous sommes prêts.

La soirée est un succès absolu. Les étudiants viennent en nombre, mais pas seulement. Les professeurs et la directrice, eux aussi, nous font l'honneur de leur présence. Ils avaient bien entendu eu vent de notre petit projet et venaient très certainement constater l'ampleur des dégâts. Je ne suis pas prêt d'oublier le regard foudroyant que m'a lancé la directrice quand l'une des stripteaseuses a retiré son string. Le dernier bout de tissu qui couvrait encore son corps. Madame la directrice n'a pas apprécié que la demoiselle ait tout simplement oublié qu'elle était réglée. Et que le tampon qu'elle portait ainsi que la petite ficelle qui s'en échappait soient ainsi jetés en pâture aux yeux de tous. Ou peut-être était-ce la scène dans son ensemble qui méritait un tel effroi ? Je me délecte encore de mon fou rire nerveux.

Nous n'allions évidemment pas nous en sortir aussi facilement. Dès le lendemain, Gaëtan et moi étions convoqués par la direction de l'école. On se défendra en expliquant que nous n'avons fait qu'appliquer ce que nous avions appris en cours. Que nous avions fait preuve d'initiative et que nous avions tout mis en œuvre pour que l'organisation soit irréprochable. La soirée avait été unanimement appréciée, que demander de plus ? Face à ce plaidoyer, somme toute un peu culotté, et au vu des échos particulièrement enthousiastes, aucune sanction ne sera prononcée. Notre interrogatoire se terminera quand même sur une promesse de ne plus jamais réitérer une entreprise de ce genre. Nous nous y plierons.

Le succès de cette soirée n'avait fait qu'attiser le feu en nous. Déjà, on avait pris un réel plaisir à l'organiser, mais on avait de surcroît engrangé quelques bénéfices. Dans ma tête, c'était clair, « Ephec Is burning » n'était que la première réalisation d'une longue série. Je n'aurais pas la patience d'attendre la fin des vacances. Dès l'été, je suis, de façon parfaitement officieuse, à la tête de *Nice Club*, un club éphémère qui propose des soirées tous les jeudis dans le centre-ville de Bruxelles. Je m'associe à des DJ étudiant à l'Ephec qui mettent le feu avec du hip-hop ou du ragga. On fait un carton ! On enregistre souvent plus de mille entrées et on se fait du fric. On est comme des fous.

À la rentrée de notre troisième et dernière année, on décide à l'unanimité de poursuivre notre activité et on établit le calendrier des festivités. Il n'y aura pas une soirée chaque semaine, mais environ une par mois. Chaque fois, des animations et un thème différents. J'adore ça. Et je fais plus que me prendre au jeu. Je me rends compte que j'aime être à la tête de tout ce petit ballet. Penser l'événement, prendre contact avec les partenaires, trouver des sponsors, être présent pour accueillir les gens et, en fin de soirée, récolter les éloges. Je crois que j'ai trouvé ma voie…

La fin de l'année approche et je dois maintenant surtout me trouver un stage. Lors d'une de mes soirées, j'avais fait la connaissance du responsable de la communication de Private. L'un des plus grands groupes de production et de commercialisation de films pornographiques au monde. Il m'avait laissé entendre qu'ils étaient toujours à la recherche de stagiaires, me voilà de l'aventure.

Je suis chargé de développer une nouvelle boisson énergisante qu'ils viennent de créer pour diversifier leurs activités et concurrencer Red Bull. Un projet qui sera vite voué à l'échec, en grande partie parce que le produit est tout simplement dégueulasse. Mais ça ne m'émeut pas. Ma principale activité consiste à mettre en place des actions de promotion en distribuant nos canettes. Je n'ai que vingt ans, un vrai gamin dans le milieu, mais me voilà projeté dans le salon de l'érotisme, dans des clubs échangistes… Je suis au comble du bonheur.

Ainsi donc se finissent mes études à l'Ephec, en beauté. Je quitte les bancs de l'école, non sans plaisir mais, surtout, riche d'une conviction qu'il n'est pas donné à tout le monde d'avoir en fin de parcours scolaire. Je sais ce que je veux faire de ma vie et j'ai même acquis de l'expérience en la matière. J'aime la fête, j'aime la nuit, j'aime les femmes qui aiment la fête et la nuit. Je vais ouvrir mon propre établissement.

Je fais part de mon projet à Giuseppe et Nina. Je leur explique que je veux lancer un business, quelque chose dans l'événementiel qui permettrait d'organiser des soirées de temps en temps. Une fois que nous aurons généré suffisamment de fonds, on pourra peut-être trouver un endroit à reprendre et, pourquoi pas, ouvrir un restaurant, avec un concept de soirée-spectacle ou même une discothèque. Rien n'est encore très clair, mais les bases sont là. L'idée les emballe et on tombe assez rapidement d'accord. Dans un premier temps, il convient d'abord de plutôt nous focaliser sur un projet grand public. Le club, ce sera pour plus tard.

Et ainsi, nous créons notre société. On reprend le nom que j'utilisais déjà pour mes soirées, AB Events (mes initiales), mais, cette fois-ci, nous déposons le nom et entamons toutes les démarches administratives de rigueur. Nina, Giuseppe et moi. La fille que j'aime et l'un de mes meilleurs potes. On est jeune, plein d'ambition et de rêves. Je me rappelle cette sensation comme si c'était hier. Le monde était à nous. Je n'étais pas juste bien, j'étais heureux.

Jusqu'au jour où Nina m'annonce qu'elle veut partir quelques jours en vacances. Elle irait en Italie avec son frère, Jeroen, pour rejoindre leur famille. Jeroen, je ne l'ai jamais rencontré. Tout ce que je sais, c'est qu'il habite en Flandre-Orientale, une région reculée de Belgique. Bon, l'idée de voir ma copine au lourd passé mythomane partir en vacances au soleil ne m'enchante pas particulièrement. Mais je n'ai pas vraiment de raisons de m'y opposer. Je l'accompagne donc docilement à l'aéroport, où je pense enfin faire la connaissance de son frère et, peut-être, me rassurer un peu. Quel hasard : Jeroen a déjà passé la douane et il attend Nina à la porte d'embarquement. Étrange.

Je me dirige vers ma voiture pour quitter l'aéroport, mais cette histoire me turlupine et je veux en avoir le cœur net. Je fais demi-tour et retourne voir la dame qui s'est chargée du check in de Nina. Je lui demande si elle peut me confirmer que la personne qui sera assise à côté de Nina dans l'avion porte bien le même nom de famille. Il lui est bien entendu interdit de divulguer l'identité des passagers, mais tout ce qu'elle peut me dire, c'est que personne sur ce vol n'a le même nom de famille que Nina. J'en étais sûr.

Pendant les deux jours qui suivent, Nina m'appelle régulièrement. Elle me donne des nouvelles de sa famille, m'explique comment se passent leurs vacances et me raconte même en détail les dernières frasques de son frère. Je joue le candide et fais mine d'être ravi pour elle. Ce qu'elle ne sait pas, c'est que je me suis transformé en véritable détective privé et que je suis sur le point de mettre au jour son mensonge. Après des heures passées à consulter l'annuaire téléphonique et à passer des coups de fil, je parviens à joindre une vieille tante de Nina qui me donne l'adresse du magasin où Jeroen travaille comme étalagiste.

Giu m'accompagne pour les quatre-vingt-dix kilomètres qui m'éloignent encore de la vérité. Nous arrivons sur place. Je demande au patron si Jeroen est là et s'il peut l'appeler. Mon intuition était la bonne. Jeroen arrive et je vois dans ses yeux que non seulement Nina a dû lui confier ses vrais plans, mais surtout qu'il comprend que Nina vient d'être démasquée et que ça va lui coûter cher. Je décide de l'appeler. « Coucou, mon amour, comment vas-tu ? Qu'est-ce que tu fais, là ? Ah ! Tu es avec ton frère au bord de la piscine ? Attends, deux secondes, je te passe quelqu'un... »

Nina essaiera à peine de se justifier. Elle me dira que j'étais devenu tellement autoritaire, et notre vie au quotidien tellement contraignante, qu'elle avait simplement besoin de faire une pause. Elle pensait, certainement à raison d'ailleurs, que si elle m'avait dit qu'elle voulait partir avec une copine, je ne l'aurais pas laissée faire. Ces explications n'ont aucun effet sur moi. À son retour, elle viendra seulement chercher ses affaires, entendre qu'elle ne fait plus partie du projet que nous avions avec Giuseppe et que je ne veux plus jamais la revoir. Je la regarderai partir avec une profonde amertume. Mais, à ce moment-là et encore aujourd'hui, je sais que je vois s'éloigner pour toujours la femme avec qui j'aurais pu faire ma vie. Nous avions tellement de choses en commun et encore tellement de plaisirs à partager. Peut-être que si elle avait été honnête dès le départ, les choses se seraient passées autrement… Elle me manquera.

Mais je ne me laisse pas abattre. Nous avons un business à lancer. Un soir, arborant toujours fièrement ma casquette de jeune diplômé, je me lance avec Giuseppe dans un bon vieux délire. Un délire que seuls connaissent les fumeurs de joint, qui tout d'un coup pensent que le monde leur appartient et qui n'ont plus vraiment de regard objectif sur la réalité. Il est vingt-trois heures et nous allons monter un plan financier pour faire un emprunt à la banque. Je rassemble mes syllabi qui traînent encore çà et là dans mon appartement et nous nous y mettons. Nous réalisons le projet le plus scolaire qui soit. Respectant un à un les chapitres de mon cours de « Création et gestion d'entreprise » et nous imaginons notre restaurant.

Le lieu est tout choisi. Avec les Italiens et Jimmy, ça fait des années que nous sortons au *Theater*, un bar dansant pas très loin de chez nous, en périphérie de Bruxelles. La dernière fois que nous avons voulu y aller, nous avons appris que les patrons avaient déposé le bilan. On s'y voyait déjà. « On pourrait refaire le bar, aménager les cuisines. Il faudra évidemment revoir toute la déco, il faut que ce soit moderne, mais quel potentiel ! » Voilà qui sera parfait pour notre dossier.

Aux petites heures du matin, complètement défoncés après les quantités de THC qui nous ont accompagnés toute la nuit, nous faxons notre projet à la banque. On ne peut pas s'empêcher de se marrer quand on pense à notre super restaurant, chic et moderne, avec des soirées à thème le week-end. Très honnêtement, on ne croit pas un instant que la banque nous prendra au sérieux.

Il est dix heures du matin le même jour quand la banque nous appelle pour nous dire que notre dossier vient d'être accepté et qu'elle nous accorde un prêt de deux cent cinquante mille euros pour développer notre concept de restaurant. On n'en revient pas. On a beaucoup de mal à réaliser et d'ailleurs, autour de nous, personne ne nous croit non plus. Mais les faits sont là, nous qui comptabilisions à peine trois mille euros en rassemblant toutes nos économies, nous voilà à la tête d'une petite fortune.

Bon, il va vraiment falloir l'ouvrir, ce restaurant, maintenant…

19

Propriété privée

Cette fois-ci, on y est. Giuseppe et moi sommes à la tête de notre propre société, nous avons un projet clair à mettre en place et nous disposons des fonds nécessaires pour y parvenir. C'est maintenant qu'on ne doit pas foirer. On a choisi un remboursement sur cinq ans et le montant des mensualités est assez important. On parle quand même de plusieurs milliers d'euros par mois. Va vraiment pas falloir qu'on se loupe.

Il y a pourtant toujours un truc qui m'empêche de mener une vie normale et de me jeter corps et âme dans notre projet. Le nombre d'heures que je passe aux toilettes tous les deux jours. La dernière fois, j'ai compté plus de quatorze heures. Ça ne peut plus durer. Surtout que, cette fois, je me suis blessé. En restant dans la même position pendant toutes ces heures, je me suis ouvert la peau. Comme tout bon tétraplégique, la peau de mes jambes et de mes fesses est beaucoup plus sensible et même si on nous rappelle à longueur de temps qu'il ne faut absolument jamais rester statique trop longtemps, je n'ai pas pu l'éviter. Pour nous, être blessé sur cette partie du corps est loin d'être anecdotique. Ça signifie ne plus pouvoir s'asseoir. Ce qui signifie ne plus pouvoir être en chaise. Ce qui signifie ne plus rien pouvoir.

Je veux comprendre. Comment se fait-il que je continue à mettre toujours plus de temps pour aller aux toilettes ? Je prends rendez-vous pour faire des examens plus poussés. Au départ, et comme par le passé, les médecins ne détectent rien de particulier. Et puis, après d'étranges examens au cours desquels je dois avaler des lettres dont nous suivrons le long parcours dans mon système digestif sur de drôles de radiographies, ils arrivent enfin à une conclusion. Mon transit est anormalement lent parce qu'une partie de mes intestins est au bord de la paralysie. L'opération est recommandée.

C'est pas possible. Pas encore une hospitalisation. Pas encore le billard, l'anesthésie, les possibles complications et toutes les incommodités post-opératoires… Ai-je vraiment le choix ? Je suis sur le point de me lancer dans la vie active dont la réussite va en grande partie dépendre de ma capacité à y consacrer toute mon énergie. Je ne peux décemment plus passer mes nuits aux chiottes. J'entre à l'hôpital. Heureusement, l'opération se déroule parfaitement et mon petit rituel sanitaire ne me prend plus que trente à soixante minutes. Ça, je peux le gérer. Il n'y a désormais plus d'obstacle à la réalisation brillante de notre projet. À nous de jouer.

Première étape, aller voir la Brasserie Alken-Maes, les détenteurs du bail pour l'exploitation de l'établissement.

Nous signons avec eux un contrat de neuf ans, renouvelable trois fois. En gros, ils sont chargés de nous aiguiller et de nous aider dans nos décisions, mais, surtout, ils nous en imposent. On doit bien évidemment s'engager à n'acheter que leurs produits, commander à des fournisseurs spécifiques et respecter toute une série de contraintes auxquelles on va devoir se plier sans rechigner. Ça, c'est fait.

On doit maintenant repenser et réaménager tout l'établissement. Vont ainsi défiler différents prestataires de services. Certains vont s'occuper des cuisines, d'autres de la déco… Rien ne se passera comme prévu. Quand le type que nous avions recruté pour son expérience dans le domaine de l'événementiel et qui était au départ uniquement censé nous donner des conseils pour l'organisation de nos soirées à thème nous fera part de ses conclusions, c'est le projet tout entier qui sera remis en question. « Les gars, vous faites fausse route. Ce n'est pas un endroit pour un restaurant ici. C'est un club que vous devez ouvrir. »

Putain, mais c'est pas le plan ! Ce n'est en tout cas pas celui qu'on a soumis à la banque et pour lequel elle nous a alloué tous ces fonds. Nous, on veut juste ouvrir un resto, qui serait peut-être bar dansant le week-end, mais certainement pas une discothèque. Face à Giuseppe et moi, grands sorteurs devant l'Éternel, il plaidera sa cause en terrain conquis. C'est comme si on demandait à un gamin s'il voulait qu'on lui offre un parc d'attraction.

On va hésiter… un peu. On est si jeune. Une discothèque, le milieu de la nuit… c'est chaud quand même.

À coups d'arguments du style « Soit c'est la boîte de nuit, soit vous vous plantez en beauté », il finit par nous convaincre. Sans en informer la banque, on va ainsi investir tout l'argent octroyé dans ce nouveau club qui va obligatoirement tout cartonner. Nous l'appellerons *La Villa Loca*.

Ça nous fait quand même bizarre de dépenser l'argent prévu pour aménager notre super cuisine, installer des taques et des hottes de cuisson, en achetant à la place des fumigènes ou des lasers. Mais on ne veut pas faire les choses à moitié et on engage un designer réputé dans le métier pour réaliser ce projet fou. Gauthier Poulain, Premier Prix du designer belge, fera de cet endroit parfaitement anodin un club branché et moderne. On refait tout. On fait faire de magnifiques bars sur mesure, on refait la peinture, on achète du mobilier flambant neuf, on installe des luminaires... Franchement, on est fier, ça commence vraiment à claquer !

Nous voilà donc, deux francophones de respectivement vingt-deux et vingt-cinq ans, sur une commune flamande en banlieue bruxelloise, à la tête d'un club hyper fashion et que nous voulons ultra select. À l'avenir, un videur sera posté à l'entrée et s'assurera de ne laisser entrer que les chemises et d'écarter les baskets. Le prix des boissons passera de quatre ou cinq euros pour une vodka-Red Bull ou un whisky-Coca à dix euros. Quoi, nous, trop prétentieux ? Non, juste ambitieux. En tout cas, aux yeux des habitués, on cumule les tares et ils nous le font savoir. Ils ne viendront pas. Ça n'est pas un problème. L'idée, c'est d'abord d'offrir une belle alternative à tous les clubbers de Bruxelles. Mais eux, est-ce qu'ils viendront vraiment jusqu'à nous ? Le club n'a pas encore ouvert et, pour la première fois, on commence à flipper.

Les travaux avancent et, de ce côté-là, tout semble rouler. Tant mieux, parce que, sur le plan personnel, je dois essuyer un cinglant revers. J'avais fait la connaissance d'Adèle, « la » bombe sexuelle. J'avais envie de tout lui faire. Le problème ? J'ai essayé. Adèle n'a rien compris à ce qui lui arrivait, elle m'a pris pour un fou, un pervers. Merde ! Je savais que mon passé avec Nina me rattraperait un jour, mais pas qu'il ferait partir ma copine en courant. C'est vrai que c'était peut-être un peu trash de lui parler de sodomie, de fessées et de plan à trois alors que nous étions un tout jeune couple. C'est finalement moi qui prend une vraie claque. Si je veux de nouveau avoir des relations normales, il va vraiment falloir que je revoie mon rapport à la sexualité. J'ai compris la leçon.

Le chantier touche presqu'à sa fin et la pression monte. On envoie nos premières factures à la banque et, évidemment, ils constatent que ce que nous leur présentons ne correspond pas vraiment aux dépenses initialement prévues. Bien sûr, ils ne sont pas ravis, mais il est trop tard pour faire marche arrière. Ils pourraient nous demander d'abandonner le projet et de tout rembourser, mais ils savent que c'est impossible. Nous mettre en faillite ne leur aurait pas rendu service non plus. Un peu contraints et peut-être aussi parce qu'on avait l'air de savoir ce qu'on faisait, ils nous feront de nouveau confiance.

Les travaux se terminent. Il est grand temps de nous attaquer à la stratégie. Notre soirée de lancement aura lieu au mois de mars 2006 et ce sera un événement VIP. On loue même des Lamborghini. Les habitués et les gens du quartier nous observent de loin. « C'est quoi, ces deux francophones qui viennent faire les rois du monde ici ? » C'est clair, si ça n'était pas déjà le cas, on venait définitivement de se mettre une grande partie de notre clientèle à dos. Heureusement, cette première soirée rencontre le succès escompté.

Nous voilà donc plutôt confiants pour la suite, même si on commence quand même notre aventure la corde au cou. On a investi la quasi-totalité de l'emprunt dans les travaux. Mais il faut maintenant payer nos employés. On mise beaucoup sur le personnel pour participer au prestige du club. On compte pas moins de vingt employés, jusqu'à trente les grands soirs. On a des portiers, des serveurs, des gars à la plonge, des parking boys… qui assurent le bon déroulement des festivités, mais toujours sous notre commandement. Jimmy est notre chef de sécurité. Dans ce milieu, il vaut toujours mieux compter sur quelqu'un de confiance pour occuper ce poste.

Quelle drôle de situation quand même ! Nous qui n'avions aucune expérience en matière de gestion d'établissement, il fallait que nous soyons aussi managers. La plupart des membres du personnel sont plus âgés que nous, nombre d'entre eux ont déjà et depuis longtemps gagné leurs gallons dans le milieu de la nuit. Alors que nous… Bon, il y a quand même des choses que l'on apprend très vite. Comme être vigilant, en premier lieu à l'égard de ce même personnel. Il arrive bien trop rapidement que, dès que tu as le dos tourné, ils te la fassent à l'envers. On surveille les caisses, les réserves… ce n'est pas évident, mais c'est une question de survie.

Et du personnel, on en aurait bien engagé encore plus. Des professionnels confirmés, mais au salaire mirobolant, qui se seraient chargés de la gestion au quotidien. Quelqu'un pour s'occuper des commandes, des stocks, de la promotion. On ne peut évidemment pas se le permettre et c'est inévitablement nous qui nous y collons. Combien de fois Giuseppe et moi ne nous sommes-nous pas retrouvés la nuit, comme deux cons, à placarder la ville de nos pancartes publicitaires pour ne pas se faire prendre en flagrant délit d'affichage sauvage ! Ou encore à distribuer nous-mêmes nos flyers dans la rue…

J'ai toujours un sale goût dans la bouche quand je repense à cette période. Je me rappelle être dans la rue avec Giuseppe et tendre nos flyers aux passants. Me voyant de loin, avec ma chaise roulante, en train de distribuer des bouts de papier, ils s'imaginaient tout, sauf que nous organisions les soirées du siècle. Très vite, avec ces regards condescendants que je conchie, ils me remerciaient mais me précisaient qu'ils ne voulaient rien acheter. C'en était presque humiliant. J'étais patron de boîte, merde !

Nous étions patrons de boîte, et d'une boîte qui allait cartonner. On voulait y croire et on ne se gênait pas pour le crier haut et fort. Je me rappelle passer en voiture avec Giuseppe devant les établissements concurrents et leur adresser des doigts d'honneur en gueulant : « Vous allez voir, on va vous niquer ! » On y consacrait en tout cas toute notre énergie. Et on se prenait à rêver à notre avenir. Un jour, nous étions même allés nous renseigner auprès d'un concessionnaire Porsche. Nous ferait-il un prix si nous en achetions deux ?

Les premiers mois sont assez prometteurs. On n'affiche pas toujours complet ; certains soirs, on a même plus de personnel que de clients, mais ce manque à gagner est compensé par d'autres soirées où, sans crier gare, nous faisons salle comble. On ne comprend pas toujours les raisons de ces variations, tout ça nous paraît assez imprévisible. Mais ce que je sais, c'est que j'aime profondément ce que je fais. J'aime imaginer de nouveaux concepts de soirée, trouver des solutions quand tout semble bloqué... Jusqu'au mois de juin, on s'en sort plutôt bien. On rentre dans nos frais, on verse les salaires en temps et en heure, on rembourse notre emprunt à la banque. On est content.

Et puis l'été arrive. Et, comme deux néophytes que nous sommes, nous nous étions imaginé que l'été serait une période faste. On se rappelait les cartons qu'avaient faits mes soirées étudiants. Là, on jouait dans une autre cour. Et dans celle-ci, celle des grands, l'été est synonyme de chômage technique pour les clubs. C'était évident. Les gens partent en vacances et ceux qui restent sont plutôt à la recherche de festivités en extérieur ou dans des établissements qui disposent d'une belle terrasse. Ce n'était pas notre cas et les trois mois d'été ont été purement et simplement catastrophiques.

Nous attendons septembre avec impatience et avec un niveau de stress comme jamais atteint. Si on ne fait pas mieux, beaucoup mieux même, que ce premier semestre, l'avenir s'annonce bien sombre.

20

À découvert

À la rentrée, les comptes sont dans le rouge. Heureusement, Julia est là. On sort ensemble depuis un petit moment maintenant et je commence vraiment à m'attacher à cette jolie petite blonde. Julia, c'est tout l'opposé de Nina. Elle est menue, plutôt timide et discrète. Mais elles ont en commun un physique de rêve et une épaisse chevelure qui me fait toujours autant craquer.

J'avais croisé Julia lors d'une soirée quelques mois plus tôt. Je n'avais pas pu détacher mon regard de sa bouche pulpeuse. Elle m'avait dit qu'elle était commerciale et qu'elle travaillait comme serveuse le week-end pour arrondir ses fins de mois. Depuis le début de l'aventure à *La Villa Loca*, nous pouvions compter sur elle le vendredi et le samedi pour assurer un service impeccable. On s'était inévitablement rapproché et j'étais fier de pouvoir dire qu'elle était désormais ma copine.

Alors, même si j'ai le moral dans les baskets, je sais que j'ai de la chance de l'avoir près de moi. Elle nous appuie moralement, mais elle m'est aussi d'un grand soutien physique. On bosse comme des dingues pour essayer de sortir la tête de l'eau et c'est très éprouvant pour moi. J'ai toujours ces douleurs chroniques et Julia est la première à tout faire pour me soulager. Il m'arrive souvent de ne pas pouvoir dormir tellement mon corps me fait souffrir, elle passe ses nuits à mes côtés, elle essaie de me détendre, me fait des massages… Je sais qu'elle sacrifie de précieuses heures de sommeil parce qu'elle travaille aux petites heures du matin, mais elle le fera toujours avec une incroyable dévotion. Sa tendresse me touche.

Elle est comme ça, Julia. Touchante, fragile. Je ne sais pas exactement ce qu'elle a vécu, mais quelque chose de traumatisant a certainement dû lui arriver. Quand on a commencé à sortir ensemble et que notre relation devenait de plus en plus sérieuse, elle m'a avoué qu'elle était encore vierge et que je serais le premier. Étonnant pour une fille de son âge, gaulée comme elle était, en plus. Elle m'avait expliqué qu'elle avait eu un passé assez compliqué et douloureux.

C'était assez délicat, mais peut-être aussi rédempteur pour moi. Je ne voulais pas la brusquer, je voulais la protéger, y aller doucement. Et sans le vouloir, elle a participé à ma guérison. Nos relations sexuelles étaient tendres. Enfin, surtout au début.

Julia s'est vite sentie en confiance avec moi et j'avais carte blanche pour faire son éducation sexuelle. Je dois reconnaître que c'est une situation qui me plaisait beaucoup. Faire d'une demoiselle plutôt coincée une vraie fan de cul, quel pouvoir ! Ainsi, délicatement, et à mesure que nous devenions plus intimes et plus complices, Julia m'a permis de repousser un peu nos limites. Elle ira même jusqu'à réaliser l'un de mes plus grands fantasmes.

Je m'étais découvert un côté exhibitionniste avec Nina et, depuis un moment, je rêvais de faire l'amour en public. J'en avais parlé à Julia et elle avait accepté de passer une soirée dans un club échangiste. Là, j'aurais peut-être l'occasion de faire de mon fantasme une réalité. Julia avait quand même émis quelques conditions. Si nous allions dans ce club, il était hors de question de faire l'amour avec d'autres. Pas de problème pour moi, je ne l'aurais de toute façon pas accepté pour elle. Et elle n'enlèverait pas ses sous-vêtements devant tout le monde. C'est tout ? C'est ça, tes conditions ? Vendu !

Le jour venu, nous avions quelques appréhensions. Même si j'avais déjà été en contact avec ce milieu pendant mon stage chez Private, je n'y étais jamais allé en tant que client. Pour éviter de se retrouver dans un endroit glauque, on avait choisi l'un des plus prestigieux clubs d'Europe, *Only for You*, près de Mons. Et on avait aussi choisi d'y aller un samedi, un soir réservé aux couples et aux femmes seules. Ça devait aussi éloigner les pervers.

Le club est gigantesque. Il doit y avoir plus de mille personnes là-dedans et, au premier abord, ça fait penser à une discothèque assez classe. À l'étage du bas, on danse sur les sons d'un DJ à la mode. Jusqu'ici, la seule différence avec un club classique, c'est que tout le monde est en sous-vêtements. Julia a bien fait de mettre sa plus belle lingerie. On prend un verre et on se met vite dans l'ambiance.

L'étage du haut est réservé à ceux qui veulent passer à la vitesse supérieure. En bas, on se pelote ; au premier, dans l'une des nombreuses chambres, chacune avec un thème différent, on passe à l'action. Merde ! Ce deuxième étage n'est pas accessible en chaise roulante. On n'a pas fait tout ça pour repartir la queue entre les jambes. Maintenant qu'on est là, je veux aller jusqu'au bout.

Au rez-de-chaussée, donc, je suis installé sur un canapé, face à la piste de danse. Julia est en forme, elle m'embrasse avec fougue et nos échanges sont de plus en plus chauds. Discrètement, elle se met à quatre pattes devant moi, ouvre mon pantalon et commence à me sucer. Je suis au comble de l'excitation. Et même si je sais que nous ne sommes pas censés aller plus loin dans cette partie du club, je m'en fous, je vais prendre ma copine là, maintenant, et devant tout le monde.

Waouh ! Quelle sensation ! Autour de nous, on se rend vite compte de ce qui se trame et la foule commence littéralement à se déchaîner. On m'apporte à boire, on me masse les épaules et, avec des cris d'encouragement et des regards qui dégoulinent d'envie, je fais l'amour à Julia devant tout le monde. Mieux qu'en rêve…

Mon plaisir avait deux visages. D'abord celui du plaisir physique, Julia était devenue une experte. Mais aussi celui de la fierté. Quand nous étions entrés dans l'établissement, je n'étais évidemment pas passé inaperçu. On m'avait tapé sur l'épaule, lancé des sourires ou des clins d'œil condescendants. Il n'y avait pas de malveillance dans ces gestes, mais je savais ce qu'ils voulaient dire.

« Comme c'est mignon, l'handicapé est de sortie... » Mais là, retournement de situation. « Vous voyez, l'handicapé peut avoir une érection, il peut faire l'amour à sa copine et lui donner du plaisir. Et peut-être même plus intensément que la plupart d'entre vous. Et regardez-vous maintenant ! C'est vous qui êtes là en train de me mater... » Quelle belle revanche ! Quelle merveilleuse sensation de puissance ! Et quelle sublimation quand elle est constatée par tous !

Ce sera une expérience que nous ne ferons qu'une seule fois. On en garde un excellent souvenir, mais nous n'avons jamais ressenti le besoin de la réitérer. Je suis heureux d'avoir partagé ces moments de complicité avec Julia, ils comptent beaucoup pour moi. Parce qu'en dehors de ça je sens que tout le reste m'échappe...

21

Chaussée glissante

On ne compte plus les heures passées à bosser et à stresser. Il y a bien des soirées qui rapportent, mais pas suffisamment pour compenser celles qui marchent moins. On est plongé dans les comptes à longueur de temps et on se rend à l'évidence : on doit se séparer de membres du personnel.

Voilà qui est fait. En plus de nos attributions, Giuseppe et moi devons désormais assurer le service pendant les soirées. Jimmy est toujours à la sécurité, Giuseppe est maintenant derrière le bar et moi, je fais ce que je peux. Je m'occupe essentiellement de la communication, de la promotion, des commandes et je fais même un peu de compta. On ne peut pas être partout à la fois, mais on a besoin de nous partout à la fois, on aurait voulu se dédoubler.

S'il n'y avait que le boulot à proprement parler, ça aurait encore été. Le problème, c'est que, en tant que patron de boîte, il y a un autre aspect du travail qui rend le tout encore un peu plus éprouvant. Si on veut que nos clients reviennent, on doit s'assurer qu'ils passent une soirée mémorable. Et souvent, ils comptent sur nous pour qu'on y contribue. Combien de verres ne nous a-t-on pas offerts, chaque soir ? On les acceptait sans rechigner, ça ne se fait pas de refuser et puis on est restés les mêmes fêtards de toujours. La seule différence, c'est que maintenant les soirées, c'est notre quotidien. Et ingurgiter de telles quantités d'alcool, alors que le soir même on doit continuer à assurer le service, faire les comptes quand tout le monde est parti, payer les employés... ça n'est simplement plus tenable.

Tout seuls, on ne va pas pouvoir y arriver, il va falloir qu'on trouve de l'aide. Et c'est ainsi que de la même manière que j'avais eu recours à son soutien pendant mes examens, nous ferons appel à ses services. Mademoiselle cocaïne a fait son retour dans nos vies, nous l'accueillons à bras ouverts. Cette solution nous est apparue comme une évidence aussi parce qu'il nous est très facile de nous en procurer. On ne doit même pas se déplacer, elle vient à nous. Certains de nos clients en consomment et nous en proposent.

Je n'en consommais plus que de manière occasionnelle et récréative, mais je vais à nouveau trouver d'excellentes excuses pour un usage régulier. On bosse comme des dingues pour que notre affaire marche, pour continuer à rembourser la banque, pour ne pas se planter après seulement un an d'activité. Trop de choses sont en jeu, avoir recours à la cocaïne me paraît parfaitement légitime. Si seulement ça n'avait été que ça...

L'engrenage dans lequel on va doucement mais sûrement se laisser emporter, moi le premier et avec force, il est typique du milieu. On connaissait les risques. Mais nous ne sommes pas parvenus à faire exception. Nous étions certainement trop jeunes, trop inexpérimentés, pas assez matures, pas assez armés. Alors maintenant que *La Villa Loca* doit ouvrir chaque soir pour ne passer à côté d'aucune potentielle rentrée d'argent, je commence un régime qui ferait flipper n'importe quel médecin, parent ou ami. Pour peu qu'ils aient un minimum de considération à mon égard. Accrochez-vous…

Le matin, il est quatorze ou quinze heures quand je me réveille. Je prends un peu de temps pour répondre aux mails, faire un peu de promo pour la soirée du lendemain ou du soir même. Avant de partir, je prends un Captagon. De l'amphétamine que je suis parvenu à me faire prescrire par mon médecin déjà pendant mes années à l'Ephec. J'arrive au club, on met tout en place, les clients arrivent et on descend facilement une dizaine de verres de vodka. On s'enfile un gramme de coke et on tue au moins un paquet de clopes chacun. Après la soirée, il est huit ou neuf heures du matin quand on finit de bosser. C'est le moment de se fumer quelques pétards, histoire de se calmer un peu après la coke et l'alcool. Je rentre à la maison, j'avale un ou deux somnifères et un antidouleur de type Valium. Je ferme les yeux et espère dormir quelques heures. Le lendemain, c'est le même bordel.

Ce violent cocktail alcool, drogue, médicament et tabac va s'attirer mes faveurs pendant un moment. Je me rends bien évidemment compte qu'on dérape complètement, mais je n'ai ni la force ni la présence d'esprit de me ressaisir. Julia, qui pourtant vit avec moi, ne réalise pas l'ampleur des dégâts. Elle sait qu'on picole pas mal, mais elle ne sait pas qu'on prend de la coke ou que je prends plus de médocs que je ne devrais. Elle est absolument contre les drogues dures et, même si elle nous prendra en flagrant délit l'une ou l'autre fois et me rappellera à l'ordre, je parviens assez bien à lui cacher notre petit traitement de la mort.

Ah, Julia ! Elle aura vraiment tout fait pour moi. Elle est là, elle nous soutient, elle bosse d'arrache-pied, elle me soulage, elle m'écoute, elle m'encourage. Elle fera même plus que ce que j'attendais d'elle, c'est aussi elle qui me présentera Nathalie. Sa stagiaire de dix-sept ans. Sexy, provocante. Son âge ne reflète en rien sa maturité sexuelle. Dès que Julia a le dos tourné, elle m'aguiche. « Ça t'excite de chauffer le mec de ta boss, hein ? » Putain, moi aussi ! Nous ne ferons jamais rien qui dépasse les limites de l'acceptable, mais on prend un malin plaisir à jouer avec le feu.

D'où me vient ce malin plaisir à flirter avec le danger ? Ma santé, ma copine, mon business… Si je continue sur cette voie, je risque de tout perdre.

22

Freinage d'urgence

L'aventure à *La Villa Loca* a commencé il y a un an et demi maintenant. Et même en faisant une bonne soirée de temps en temps ou en sous-louant l'établissement à des organisateurs externes, on a la corde au cou. On parvient à peine à couvrir nos frais, à rembourser notre crédit et à payer le loyer. Sans compter que Giuseppe et moi ne nous sommes quasiment jamais versé de salaire et que ça ne risque pas d'arriver. Notre cocktail drogue et alcool nous aide à gérer la pression et à fuir la réalité. Mais on fait face à d'autres tensions.

En évoluant dans le milieu de la nuit, on fait parfois des rencontres vénéneuses. Des types pas nets qui nous proposent des deals foireux. Comme cette fois où on a failli se faire embarquer dans une arnaque à l'assurance. Un plan qui aurait pu nous rapporter plusieurs centaines de milliers d'euros, si on avait été prêts à sacrifier un ou deux ans de notre vie en prison. J'avoue l'avoir réellement envisagé. De l'argent facile, comme ça, ça mérite au moins qu'on se penche sur la question. Bon, le fait que ce soit une combine avec la mafia albanaise nous avait un peu refroidis. Ce n'est pas tout de réussir son coup, après faut s'assurer qu'on te paye derrière. On était persuadé qu'ils auraient été capables de nous mettre une balle dans la tête pour éviter de nous payer. Non, c'était trop risqué.

Je ne crois pas qu'on soit parano. Les menaces sont de plus en plus pesantes. On a comme une épée de Damoclès en permanence au-dessus de nos têtes. Il y a d'abord tous ceux à qui on a un jour refusé l'entrée, et puis tous ceux qu'on a dû mettre à la porte un coup de pied au cul parce qu'ils étaient trop saouls. Ils nous menacent ouvertement : « On va vous buter ! », « Je vais revenir avec mes cousins, vous allez voir, ça va pas se passer comme ça… » « Dites aux patrons qu'ils surveillent leurs arrières, une balle perdue, c'est vite arrivé. »

On commence vraiment à flipper. De plus, dans ma situation, je me sens et je suis encore plus vulnérable. Il serait bien trop facile de me caler dans un coin et de me faire n'importe quelle crasse. Je serais sans doute incapable de me défendre. Ça nous obsède. On se sent surveillé en permanence. Quand on rentre chez nous aux petites heures du matin, on regarde tout autour de nous pour être certain de ne pas être suivi. Les jours où on transporte la caisse sont encore plus flippants. On se dit qu'on est à deux doigts de se retrouver avec un flingue sur la tempe, ça commence vraiment à craindre.

Alors on envisage d'être armé. On ne va quand même pas attendre que quelqu'un vienne nous démonter la gueule ou pointer une arme sur nous pour un quelconque règlement de comptes. Ce jour-là, on veut être les premiers à réagir, on veut être capable de se défendre. Attendez. On en est vraiment arrivé là ? Je crois qu'on a franchi une limite, on ne peut pas partir dans ce genre de délire ; là, c'est vraiment exagéré.

Putain ! On a vraiment des vies de merde. Le rêve qu'on s'était imaginé est en train de complètement partir en couille. On est crevé tout le temps, on fout notre santé en l'air, on arrive à peine à boucler les fins de mois, on est menacé, on pense à s'armer... c'était pas ça, le plan ! On devait déjà être riche à l'heure qu'il est, rouler en Porsche, s'acheter une maison, avoir du personnel qui fait tourner le business pour nous pendant qu'on se dore la pilule au soleil... Là, on vient juste de prendre dix ans en une année.

Pour une fois, on a la présence d'esprit de calmer le jeu, on doit faire un break. Entre-temps, Giuseppe est devenu papa et il a maintenant une vie de famille à assumer. La donne a changé, il faut qu'on s'éloigne de tout ça. Giuseppe va partir en vacances avec sa petite famille, et moi avec Julia. Quand on reviendra, on fera le point. On décide de partir pendant l'été. On sait, pour en avoir déjà fait les frais la saison précédente, que le club sera déserté. On le ferme pour quelques semaines.

Je pars avec Julia en vacances. Ça va me faire du bien et peut-être à tous les deux aussi. C'est pas la grande éclate entre nous. En fait, elle commence un peu à me gonfler. Je n'ai pas de raisons particulières de lui en vouloir, il n'y a pas non plus d'événement précis qui ait déclenché ce sentiment, mais je sens que je suis plus distant, moins amoureux. Je crois que ce sont ses manies qui me saoulent, sa façon de vouloir que tout soit toujours parfaitement ordonné et de me prendre la tête si ça n'est pas le cas. Elle est clairement maniaque, la petite.

J'aime quand une maison vit, quand y a un peu de bordel. On ne peut pas vivre dans un décor tout droit sorti d'un catalogue Ikea. Ça n'est en tout cas pas ma vision des choses. Et même si ça peut paraître anecdotique, c'est en tout cas suffisant pour que j'envisage tout doucement de la quitter. Mais, très égoïstement, je ne le fais pas. Je mords sur ma chique parce que je suis très conscient de tout ce qu'elle m'apporte aussi. Elle est encore le dernier rempart contre mon infernale descente aux enfers.

Elle est aux petits soins, me fait des massages, me prépare les repas, s'occupe de la maison...

Alors, même si elle me fait chier avec ses histoires de rangement, je ne lui dis rien. Je fais comme si de rien n'était. C'est terrible quand j'y pense, j'ai conscience de me servir d'elle. Mais, soyons honnête, ce n'est pas le bon moment pour ajouter une rupture à la pile de nos emmerdes. On se bat encore avec *La Villa Loca* et ces nouveaux déboires ne feraient que compliquer encore les choses. J'attendrai que la situation se tasse un peu, puis on avisera à ce moment-là.

Je retrouve Giuseppe à notre retour de vacances. On avait beau avoir été éloigné, nous étions restés connectés et nous étions arrivés à la même conclusion. On ne pouvait plus continuer comme ça, au risque d'y laisser nos vies. Mais on ne pouvait pas non plus se contenter de faire quelques ajustements et prier pour que le reste suive. Non, si on voulait vraiment s'en sortir, on devait lâcher l'affaire. Et c'est ainsi que, sans l'ombre d'une hésitation, on a pris ce qui nous semblait être la meilleure, mais aussi la seule décision possible : vendre le business. *La Villa Loca*, c'est fini.

Il va maintenant falloir trouver des repreneurs. En quelques mois, c'est chose faite. Une bande d'Albanais est prête à reprendre le fonds de commerce et paraît avoir des projets ambitieux pour l'endroit. On ne pourra pas s'empêcher de sourire en entendant dans leurs bouches exactement les mêmes propos que nous avons tenus nous aussi. « On ne fera pas les mêmes conneries que les patrons précédents », « Nous, on va s'y prendre autrement », « Nous, on va cartonner… » Ils sont plus âgés que nous et ont l'air plus expérimentés, peut-être qu'ils y parviendront réellement. On leur souhaite bonne chance…

Le prix qu'on a fixé devait non seulement nous permettre de rembourser la banque et tous ceux auprès de qui nous avions contracté des dettes, mais aussi de partir avec une belle petite plus-value. Faut pas déconner quand même. On n'aura pas dû négocier beaucoup, mais l'effort a payé. En deux ans d'exploitation, Giuseppe et moi repartons chacun avec un petit pactole. On s'en sort vraiment pas mal.

Le bilan de toute l'aventure est finalement assez positif. On est content d'être encore en vie, d'avoir mis le holà suffisamment tôt que pour ne pas devenir des junkies complètement accros à toutes les sortes de dopes, on a rendu une société clean, sans dettes, on a vécu une expérience professionnelle que nous aurions mis des années à consolider si nous n'avions pas été patrons de notre propre établissement et on repart avec une belle petite somme. C'est vraiment pas si mal.

Giuseppe est clair, les boîtes de nuit, les soirées, c'est définitivement fini pour lui. Il se range. Grâce à sa part des gains, il va pouvoir financer une partie des frais de sa maison, il veut se trouver un petit boulot tranquille et se consacrer à sa famille. Pour moi, c'est un peu différent. Même si le milieu de la nuit a perdu un peu de ses lettres de noblesse et que je n'envisage plus de tenir mon propre établissement, je n'ai pas dit mon dernier mot dans l'organisation d'événements. J'ai un beau petit capital pour me lancer dans un autre projet.

Alors je loue un loft où j'installerai des bureaux et où Julia et moi devions emménager. Je dis « devions » parce que Julia n'y passera pas une seule nuit. Le jour de son emménagement, toutes ses affaires sont là et une nouvelle dispute éclate. Encore pour une connerie de rangement. Ça ne va pas le faire. On n'a même pas encore passé une nuit dans le loft et c'est déjà la crise. J'y pensais depuis un moment et me demandais quand le moment serait propice pour mettre un terme à notre relation. Là, une porte s'ouvrait, je m'y suis précipité.

Ma réflexion a été aussi simple que cruelle. J'allais tout recommencer de zéro. J'avais des projets plein la tête et les moyens de les réaliser. J'allais pouvoir voyager, faire de nouvelles rencontres, vivre une toute nouvelle aventure. Je n'avais donc plus tellement besoin d'elle, ni vraiment de raisons de tolérer ses manies. J'étais devant une page blanche que je voulais écrire sans elle. Je lui demanderais de reprendre ses affaires, pas encore déballées, et de partir.

Quel connard ! Mais un connard plein d'ambition et qui ne veut pas être freiné dans sa course… Je ne sais pas quelle est la vertu la plus louable et, comme je me prends à croire au karma, je suis une nouvelle fois très curieux de savoir ce que l'avenir me réserve.

23

Changement de décor

Me voilà donc installé, seul, dans mon grand loft de trois cents mètres carrés. Je veux en faire des bureaux, créer une toute nouvelle structure, engager une stagiaire et du personnel. J'ai trouvé la bonne idée qui va changer ma vie. Je vais organiser des événements de haut standing en Belgique et à l'étranger. Je vais casser le cliché « moules-frites » et donner un caractère prestigieux à notre chère Belgique. Ma société s'appellera VIP Belgium.

Je savais que depuis une dizaine d'années une tripotée de Belges un tant soit peu friqués avait l'habitude de se retrouver à Saint-Tropez aux alentours du 21 juillet pour y célébrer la fête nationale. Mon premier projet sera de créer une formule de séjour autour de cette transhumance annuelle. Ça devrait me rapporter beaucoup de fric. Je baptise cet événement « La semaine des Belges à Saint-Tropez ».

L'avantage, c'est que chaque année des événements sont déjà organisés sur place autour de cette date. Dont deux soirées prestigieuses auxquelles tous les Belges présents à Saint-Tropez veulent participer. L'une d'entre elles est par ailleurs orchestrée par un type que je connais bien, Foued Allik. Je sais qu'il a une réputation d'escroc, mais je m'entends bien avec lui. Il est d'excellente compagnie quand il s'agit de faire la fête et il a toujours été réglo avec moi. Je ne vois pas pourquoi ça changerait.

Foued propose qu'on s'associe pour mettre en place cette semaine VIP. Ce seront six jours et cinq nuits, absolument tout compris. Vols, transferts, logement, accès aux dîners et aux soirées VIP. La formule rencontre très vite du succès et je suis plutôt satisfait des résultats que j'obtiens lors de cette première édition. D'un autre côté, j'ai aussi très vite compris à qui j'avais affaire et c'est pas joli joli. Le petit cercle des personnes impliquées dans la mise en place de ces événements autour de la fête nationale belge est prêt à tout pour avoir sa part du gâteau. C'en est presque pitoyable.

Le marché est particulièrement restreint et la guerre est ouvertement déclarée. C'est la guerre des ego, mais c'est surtout la guerre des escrocs. Tous les coups sont permis. Foued n'échappe pas à la règle et me la fait lui aussi à l'envers. Il m'a juste demandé un petit service. Il savait que je logeais dans le même hôtel que celui où l'un de ses groupes devait débarquer quelques jours plus tard. Il n'avait pas eu l'occasion de bloquer les chambres et me demanda de le faire pour lui – et donc de lui avancer trois mille euros.

« Je te rembourse ce soir quand j'arrive... » C'était couru d'avance. Le soir même, il ne les a pas sur lui.

Il me les promet pour le lendemain, puis pour le surlendemain. Bref, je ne les reverrai jamais. Ce n'est pas une somme extravagante, d'accord, mais peu importe, c'est une question de principe. C'est con, mais il m'aura quand même fallu passer par là pour me rendre compte qu'on ne peut absolument compter sur personne. Il faut se méfier de tout le monde, même de ses plus proches alliés et surtout de ceux qui prétendent être des amis. Le respect, la parole, tout ça, c'est du vent. Je m'en souviendrai.

Et j'aurais bien aimé que Foued se le rappelle lui aussi. C'est pour ça que je l'ai attaqué en justice. J'ai même gagné le procès. Mais quand les huissiers m'ont appris que Foued n'avait aucune adresse officielle, qu'il utilisait des prête-noms et que ses événements étaient organisés par une société enregistrée au registre du commerce comme étant une boucherie, j'ai tout de suite déchanté. Même en mettant cette société en faillite, il en aurait créé une autre aussi vite. C'était sa technique. Un escroc avéré, et qui n'en est pas à son coup d'essai en plus, mais qu'on relâche dans la nature et en toute impunité, ça laisse perplexe quand même…

En tout cas, ça m'aura servi de déclic. Hors de question de continuer à bosser avec ce panier de crabes. Je veux voir les choses en plus grand encore. Je veux réussir ma vie. J'ai une revanche à prendre. Et c'est tout naturellement que mon radar va s'orienter vers Cannes et son festival du film mondialement réputé. Voilà un vrai challenge. Là, on parle vraiment de gratin, de célébrités, de stars internationales, de personnages puissants et influents. Là, l'acronyme VIP n'est pas galvaudé.

Je commence par me rendre régulièrement à Cannes. Je veux d'abord observer, humer l'air et tâter le terrain de mes prochains exploits. J'adore cette ambiance internationale, fréquenter ce milieu prestigieux qui, de plus, ne semble pas se refermer devant moi. Parce que, s'il y a bien un avantage que je peux tirer de ma condition, c'est celui de voir s'ouvrir quelques portes qui seraient normalement restées closes si je n'avais pas été en chaise roulante.

Non pas qu'on me laisse libre accès à tout parce que je joue sur la pitié ou sur la corde sensible de ces pauvres gars de la sécurité, ça, je me le refuse impérativement. Mais disons plutôt qu'en arrivant quelque part, si je suis bien sapé et que j'ai l'air de savoir où je veux aller, je vais d'emblée plutôt inspirer confiance. Et, comme un service qu'on réserverait aux habitués, on va me laisser entrer. C'est comme ça que je vais accéder à l'époque à toute une série de lieux ou de soirées privées auxquelles je n'aurais jamais pu assister. J'en bave tous les jours, alors si je peux en profiter un peu, je ne vais pas me gêner.

Cet *easy access*, je vais aussi m'en servir pour élargir mon réseau social. Je me rends compte qu'on me laisse aussi plus facilement approcher les stars, leur parler, prendre des photos. Je me rappelle du concept dont Christian Audigier se sera servi pour faire parler de lui et faire décoller ses ventes de casquettes Von Dutch. Le *celebrity marketing*. Il suffit de s'entourer de personnes célèbres – et de le faire savoir – pour donner une forme de caution, de légitimité à ce qu'on entreprend, quel que soit le domaine. À une tout autre échelle, évidemment, je décide moi aussi d'appliquer cette pratique pour faire écho à mes projets.

Ah, Cannes ! La ville me plaît, les gens semblent accueillants, l'air sent bon les affaires. Je vais lancer mon premier événement dès le prochain festival. Je veux taper fort. Et quand on est à Cannes et qu'on veut envoyer du lourd, y a toujours une histoire de yacht dans le coin. Louer un de ces bateaux pour une seule journée coûte déjà plus de vingt mille euros. Ce sera l'endroit idéal pour ma soirée, y a pas plus prestigieux.

Mais ce n'est pas tout. Mon concept de « séjour tout inclus » avait vraiment bien marché à Saint-Tropez. Je ferai les deux. Il y aura aussi « La semaine des Belges à Cannes ». Je referai tout pareil, tout inclus. Vols, transferts, logement, accès à différentes soirées et clôture du séjour en beauté avec « la » soirée VIP Belgium à bord du yacht. Je parviens à obtenir des accords avec différents sponsors, dont Lamborghini, le bateau est amarré à côté du Palais des festivals, Jean-Claude Van Damme fera partie de la *guest list*... Je sens que j'ai de l'or entre les mains.

Un vrai carton ! La semaine et la soirée se sont déroulées à merveille. Jean-Claude, que j'avais déjà croisé à plusieurs reprises, a parfaitement revêtu son costume d'ambassadeur. Personne mieux que lui ne pouvait représenter la « belgitude » dans ce milieu people. Il nous en aura une nouvelle fois fait la démonstration. Les retours médiatiques sont inespérés. J'ai droit à des passages dans différents journaux télévisés, dont celui de RTL, la première chaîne de télévision belge, à des heures de grande écoute. J'ai fait des bénéfices. Et surtout, je me suis éclaté comme un petit fou du début à la fin.

Je me sens littéralement pousser des ailes. Je pense déjà à l'année prochaine et j'imagine déjà tout ce que je vais pouvoir faire de mieux, en plus. Au fond, là, je n'ai organisé qu'une seule soirée. Mais si je vise la période du festival, je pourrais en faire tous les soirs. Dix jours de festival, dix jours de festivités. Ma confiance m'a rendu avide de grandeur et je me vois déjà faire partie de ce cercle très fermé de l'événementiel à Cannes. Comme il est bon de rêver !

De retour à Bruxelles, alors que je me plaisais à enchaîner les conquêtes d'un soir ou les relations de très courte durée, je me suis quand même laissé prendre en cours de route. Elle s'appelle Alice. Elle m'a tout de suite fait penser à Nina. Une belle Italienne, brune, pulpeuse, au sang chaud. On se plaît tout de suite et on entame une relation passionnelle tout aussi instantanément. Je l'adore, cette fille. Elle a un caractère bien trempé, comme je les aime. Mais elle a aussi une grande sensibilité. Je m'en rends surtout compte quand elle parle de son jeune garçon, il a quatre ans. Elle me touche.

Si je devais lui prêter un seul défaut, ce serait sans hésiter sa jalousie maladive. Un truc de fou. Si j'avais le malheur de regarder une fille dans la rue, de zapper sur un défilé de mode à la télé ou pire, celui de Victoria's Secret – que je n'avais jusque-là jamais manqué –, j'avais droit à une scène digne des plus grandes tragédies. « Si c'est pour mater les autres femmes, je ne vois pas ce que tu fous avec moi ! » C'est une très jolie fille pourtant, mais je comprends qu'elle souffre d'un grand manque de confiance en elle. Et j'y suis certainement pour beaucoup.

C'est vrai qu'à plusieurs reprises je ne m'étais pas gêné de lui dire et de lui rappeler qu'elle avait selon moi quelques kilos en trop. Rien d'excessif, mais je trouvais honnête de lui faire remarquer qu'elle aurait été encore plus sexy si elle faisait un peu de sport et se raffermissait un peu. Je sais, probablement la pire chose que l'on puisse dire à une femme. Et, je le sais aussi, encore plus insupportable quand ces mots sortent de la bouche de son petit ami. Je reconnais le rôle que j'ai joué dans son manque d'assurance et dans ses excès de jalousie. Mais nous vivons avec et nos liens se renforcent.

Ça n'est pourtant pas toujours évident. Je voudrais qu'elle vienne vivre avec moi, mais, avec son petit bout, c'est impossible. Je le comprends parfaitement. Il aura déjà fallu que j'attende plusieurs mois et qu'elle soit convaincue du sérieux de notre relation pour qu'elle me le présente. Mais, ça aussi, je le comprends. Elle a raison de tout faire pour lui, il est adorable. Je m'y attache très vite et me prends vite au jeu d'incarner cette sorte de beau-père un peu ovni avec qui il semble avoir du plaisir.

Nous avons une chouette petite vie. On se voit régulièrement avec ou sans son bonhomme, quand elle a le temps. J'organise quelques événements en Belgique qui ont toujours plutôt du succès. Je sors avec les potes. Je vois souvent maman et Adi. Cool, quoi. Enfin, comme souvent, une apparente tranquillité. Dans ma tête, une seule obsession : l'édition 2010 du Festival de Cannes. Je profite du calme avant la tempête.

24

En piste

J'ai vraiment vu les choses en grand avec ce projet de « bateau événementiel » pendant le festival. Si je ne veux pas me louper, il va falloir que je fasse les choses dans l'ordre. Alors, dans un premier temps, je me renseigne. Je fais plusieurs allers-retours sur la Côte d'Azur pour rencontrer les gars du milieu et je fais enfin la connaissance du patron de Threeb Yachting, un *broker* qui m'a l'air fiable. Le *broker*, c'est celui qui vend ou met en location les bateaux. Celui que je contracte est directement basé à Cannes, il réside près du port et a pignon sur rue. Il doit bien connaître son affaire. Je me fie à mon instinct.

Il me trouve un yacht flambant neuf. Il correspond parfaitement à mes attentes, avec tout le standing et le luxe qu'on peut en attendre. Le prix de base de location d'un bateau de ce type est de 200 000 euros pour 10 jours. Je m'attendais à de tels montants, mais je ne peux pas m'empêcher de les trouver exorbitants. Quoi qu'il en soit, je dispose maintenant du principal atout pour faire de mon ambitieux rêve une réalité triomphale. Je m'y plonge corps et âme. Toute mon énergie, mais surtout toutes mes économies, y passent. Tout ce que j'ai, tout ce qui me restait de la vente de *La Villa Loca*, absolument tout y passe.

Un tel projet nécessite une réserve inimaginable de fonds. Il faut bien évidemment compter la location du yacht, mais à laquelle s'ajoutent tous les frais annexes. Ce qui coûterait normalement mille euros se voit multiplié par trois, quatre ou cinq du simple fait d'être sur un bateau. On est dans du service haut de gamme et je ne veux lésiner sur rien. Du coup, mon petit capital est loin d'être suffisant et je me mets en quête de partenaires financiers. Je trouve notamment un arrangement avec le patron d'un gros club bruxellois. Il va me sous-louer le bateau pendant trois jours pour y tenir ses propres événements. Un apport de plusieurs dizaines de milliers d'euros qui devront encore être complétés par d'autres sponsors.

Pour contribuer à l'image et au prestige de mes événements, je vais pouvoir compter sur mon nouvel acolyte, M. Jean-Claude Van Damme *himself*. Depuis notre rencontre l'année précédente, on est devenu assez proche et je lui ai proposé de mettre le yacht à sa disposition pour toute la durée du festival – gracieusement, cela va sans dire. Il pourra s'en servir la journée comme bureau de presse ; moi, je n'en ai finalement besoin que le soir. Il accepte immédiatement. De mon côté, je compte bien utiliser son nom pour faire ma pub et bénéficier de toutes les retombées médiatiques. *We had a deal.*

Quels souvenirs pour arriver à cet arrangement ! Il m'invitait dans sa villa à Knokke pour nos petites réunions. On passait des nuits entières à boire des coups et à refaire le monde. Jean-Claude m'aura joliment fait voyager dans ma tête. Je me rappelle m'être dit à plusieurs reprises que c'était un beau leurre de prétendre que ses réflexions n'avaient ni queue ni tête. Il suffisait de l'écouter. Aux petites heures du matin, ses théories finissaient toujours par faire sens.

Parallèlement à ces petits moments de grâce, je commence à solidement sentir la pression monter. Je peux compter sur l'aide de ma stagiaire, heureusement, mais il n'empêche que ce projet m'accapare à tous points de vue. Et je ne dois pas rappeler que mon corps ne cesse ni ne cessera de me le faire payer. À quelques semaines de l'événement, je flippe. Est-ce que je ne me suis pas lancé dans une entreprise trop ambitieuse ? trop grande pour moi ? Je suis seul à porter ce projet et je reste quand même le petit nouveau à Cannes. Qu'importent mes états d'âme, il est trop tard pour faire machine arrière.

Un beau matin, à deux semaines de l'ouverture du festival, je suis encore à Bruxelles et je reçois un coup de fil de la capitainerie, les responsables du port de Cannes. Mon interlocuteur a une voix grave et sérieuse.

– Nous venons de parcourir votre site Internet, monsieur Bodart Pinto. Dites-moi, votre projet sur le bateau, il a un but commercial…

Ben oui, c'est clair, je veux gagner de l'argent, monsieur. Je veux collaborer avec des sponsors qui vont gonfler ma caisse, mais je veux surtout vendre très cher les accès au bateau pour la faire éclater. Je me garde bien sûr de lui dire.

– Euh, je ne comprends pas votre question, pourquoi ?

– Parce que vous savez que c'est parfaitement interdit et que nous sommes maintenant dans l'obligation de vous demander d'annuler votre projet, l'emplacement que nous vous avions accordé au port vient d'être suspendu.

Je suis un homme mort. Non, celui qui va y passer, c'est ce *broker* de merde qui m'a loué le bateau et qui ne m'a rien dit de tout ça. Putain ! J'aurais dû passer par quelqu'un de confiance. Je suis allé chercher le pire *broker* de Cannes. L'enfoiré de cow-boy de service. Je suis dans la merde.

Ce projet avait tout pour cartonner. J'avais trouvé les sponsors qu'il fallait, j'étais déjà en train de bien vendre les accès aux soirées. J'avais fixé le prix de base à cinq cents euros et espérais en vendre une centaine par soir. Le forfait, champagne et accès aux stars commençait à avoir son petit succès. Qu'est-ce que je suis censé faire maintenant ? J'ai déjà payé le bateau et avancé toute une série de frais. Je crois qu'en tout j'ai dû débourser plus de cent cinquante mille euros. Et je dois encore sortir environ le double. De l'argent qui n'est pas à moi, que je ne vais donc pas récupérer et que je vais être incapable de rembourser.

Dans la même journée, je réserve un billet pour Cannes. Il faut que je trouve une solution. Je risque de tout perdre. Et sans compter ce paquet de fric que je dois à un paquet de monde. Si je ne résous pas le problème, je risque de gros ennuis et ma sécurité ne sera plus assurée. Il est clair que si tu annonces à un créancier à qui tu dois la bagatelle de soixante mille euros que son argent s'est tout simplement volatilisé et que tu ne pourras pas le lui rendre, c'est tout simplement ta peau que tu risques.

Le lendemain, je suis à la capitainerie dans un état proche de l'apoplexie. Après de longs pourparlers, j'obtiens finalement que le projet puisse voir le jour. Seule condition, le bateau ne peut en aucun cas servir à des fins commerciales. Je ne peux plus vendre d'accès aux soirées, le bateau sera un lieu de communication et d'image pour ma société. Je n'ai pas le choix. Et c'est comme ça que ça se passera. Le projet et tous les événements prévus auront lieu.

J'éviterai de parler de mes difficultés financières. Ce serait évidemment contre-productif. Mais la situation est surréaliste. Si je veux rembourser mes honnêtes créanciers, je dois maintenant faire affaire avec des gens beaucoup moins fréquentables. Les seuls encore prêts à mettre la main au portefeuille dans ce genre de situation. C'est le monde à l'envers. Alors que je m'étais juré de ne plus faire de deals avec des types véreux, voilà qu'ils sont mes nouveaux partenaires.

J'avais quitté Saint-Tropez pour ne plus avoir à traiter avec des escrocs sans scrupules et sans respect. Mais force est de constater qu'ils sont maintenant, et pour les dix prochains jours, mes invités d'honneur à bord. Je vivrai cette période en apnée. Dès qu'on rencontre un petit souci, la tension grimpe instantanément. Ils savent qu'ils ont eux aussi tout à perdre si le projet devait foirer et commencent à se menacer les uns les autres. Je suis pris en étau au milieu de cette mascarade morbide, un vrai cauchemar.

Alice, qui devait vivre un rêve en m'accompagnant pendant ces dix jours, sera aux premières loges de l'horreur. Elle va se faire une idée très précise du milieu dans lequel j'évolue. J'ai beau lui expliquer que la situation est exceptionnelle, elle a beaucoup de mal à me croire. Surtout qu'elle en fait les frais, elle aussi. On lui fait savoir que si je ne respecte pas mes engagements, il n'est pas exclu qu'un malencontreux accident lui arrive, à elle ou à son fils. Elle me dit droit dans les yeux que si qui que ce soit touche à un cheveu de son fils, c'est elle qui me tuera. On nage en plein délire.

Dix jours interminables. Une dose mortelle de stress et quasiment pas de sommeil. La journée, on tient le bureau de presse de Jean-Claude Van Damme. Le soir, on assure le bon déroulement des soirées. Le rythme est infernal. Mais on fait bonne figure et nos déboires ne transparaissent pas aux yeux du public. Tout le monde semble profiter du festival, du bateau, des soirées arrosées. Ils sont là, à se pavaner, le cœur et l'esprit légers. Ils nous narguent à passer des moments inoubliables. Comme je les envie !

Même Jean-Claude Van Damme aura son petit moment de gloire. La bonne nouvelle, c'est qu'il a lieu sur mon bateau. Devant les télévisions du monde entier, il signe un contrat très attendu : un combat à Las Vegas avec le champion de boxe thaï, Somrak Kamsing. Lui aussi nous fera l'honneur de sa présence. Ce jour-là, postées devant mon yacht et mon logo, CNN, BBC... toutes les plus grandes chaînes sont là. Quel splendide coup médiatique !

Un autre aspect positif de cette sordide comédie – heureusement, il y en a –, c'est que je vais faire des rencontres qui vont beaucoup compter pour moi. Dont celle de Massimo Gargia. Alors, je sais très bien ce que l'on pense ou ce qu'on dit de lui dans les médias, toujours prompts à critiquer ceux qu'ils ont adoré la veille, mais ce type en a quand même sous le capot. Le gars est parti de rien. Il a commencé comme gigolo à vingt ans et a terminé en organisant des événements pour la jet-set et les monarchies du monde entier. Il a mon respect. Et, apparemment, certainement parce qu'il pense que le bateau m'appartient et que je ne le contredis pas vraiment, j'ai le sien en retour. On reste en contact.

Je n'imaginais jamais dire cela un jour avec autant de conviction et de soulagement, mais, ça y est, la fête est finie. Enfin. L'heure est au bilan. Bon, du point de vue de la construction de l'image médiatique de VIP Belgium, c'est un carton plein. Le montage photo et vidéo que j'ai réalisé à l'issue du festival est un faire-valoir sans égal. La pierre angulaire de tout mon futur marketing, ça n'a tout simplement pas de prix.

Le côté obscur de l'histoire, c'est que je suis ruiné. Toutes mes économies y sont passées, mais j'ai aussi emprunté de l'argent un peu partout autour de moi. C'est là qu'une nouvelle fois je reste sans voix face au soutien inconditionnel dont font preuve la famille ou les amis. Ils le savent, ils m'évitent de gros ennuis et je ne les remercierai jamais assez. Mais je suis très gêné et mal à l'aise. C'est moi qui ai déconné, c'est moi qui ai fait confiance à un type dont tout le monde se méfiait déjà, c'est moi qui me suis mis tout seul dans cette situation. Moi. Et nous devons maintenant porter ce fardeau tous ensemble.

Et puis, y a un autre truc qui me chagrine aussi un peu. Ma collaboration avec Jean-Claude n'a pas vraiment été celle que j'espérais. Celle qu'il m'avait promise. Je l'entends encore me dire « Alex, toi, t'es un vrai pote. Tu sais que tu peux compter sur moi. Tu verras, on déjeunera ensemble tous les jours sur le bateau, je te présenterai des tas de gens influents… » Mmm… le joli vent. Je sais, ça n'est pas la première fois que je le dis, il ne faut faire confiance à personne dans ce milieu. Tant qu'on peut se servir de toi, on le fera. Et dès que tu ne seras plus d'aucun intérêt, on t'oubliera. Le savoir ne m'empêchera pas d'être déçu.

Ombre supplémentaire au tableau déjà bien noirci, ma relation avec Alice. Et je ne parle même plus des menaces, mais de ses crises de jalousie. Pendant toute la durée du festival, elles n'ont fait que redoubler d'intensité. S'il m'arrivait de demander qu'on me prenne en photo avec telle ou telle célébrité, souvent canon, j'en conviens, ou que l'on me demande à mon tour de poser, Alice explosait. C'en était devenu grotesque. Je me suis vraiment attaché à elle, et à son petit bonhomme aussi, mais je ne suis pas fou quand même, ce n'est pas acceptable.

À notre retour de Cannes, je mettrai un terme à notre relation. Et comme souvent dans ma courte mais non moins intense petite vie, le même patron se profile. Je recommence tout à zéro. Je fais table rase de mes récentes épopées, je n'ai plus de copine et je dois me réinventer. Je me le suis trop souvent demandé en espérant le meilleur. Cette fois-ci, je n'ose plus. Je verrai bien ce que l'avenir me réserve.

Rêve

Période de coma dans ma chambre
de soins intensifs de l'AZ VUB

Larguez les amarres !

J'entends une voix. Une voix rauque, ce doit être un vieil homme. Il répète sans cesse la même phrase : « Larguez les amarres ! Direction le large. » Droit devant, un ciel gris et nuageux qui semble annoncer la tempête.

Je tourne la tête à droite et à gauche et je suis surpris par le nombre de tonneaux en bois qui m'entourent. Le genre de tonneaux qu'on utilise pour transporter du vin. À une dizaine de mètres environ se dresse un énorme mât, je n'en ai jamais vu de si grand.

« Hissez la grand-voile ! »

Une autre voix me vient à l'oreille, moins grave que la précédente. Sûrement quelqu'un de plus jeune. Je ne vois personne. Je veux me retourner pour voir ce qui se passe dans mon dos, mais j'en suis incapable. Impossible de faire le moindre mouvement.

Je réalise alors que je suis moi-même dans l'un de ces grands tonneaux en bois et qu'il n'y a que ma tête qui en ressort. Les voiles du bateau se dressent de plus en plus, il y a grand vent et l'odeur de la mer me pique le nez. Nous prenons de plus en plus de vitesse.

Je me demande comment je suis arrivé là et, surtout, comment je vais m'en sortir. Je ne trouve aucune réponse.

La mer est de plus en plus agitée, et le ciel toujours plus menaçant. Il commence à pleuvoir et les mouvements du bateau me donnent la nausée.

Tout d'un coup, je suis brusquement projeté vers l'avant du bateau et de nombreux tonneaux en bois se renversent et se brisent. Nous venons de percuter un gros rocher. Je suis maintenant en position couchée, toujours dans mon tonneau en bois qui, lui, est resté intact.

La voix du vieux retentit : « Trou dans la coque à bâbord ! » Le bateau se met à pencher et les vagues viennent claquer contre la coque, je suis éclaboussé et, en plein stress, j'ai l'impression de vivre un mauvais remake de Titanic*...*

Les vagues sont de plus en plus hautes et passent maintenant au-dessus du ponton. Elles finissent leur course à l'intérieur du bateau, l'eau monte.

Je ne touche plus le sol. Je flotte sur l'eau, qui a maintenant totalement envahi le bateau. Tout doucement, je perds connaissance.

25

Retour au bercail

Je rentre de Cannes au plus mal. Je dois me refaire une santé physique – l'expérience a vraiment été éprouvante –, mais aussi une santé financière. Ce n'est pas ce que je dois à maman ou à Adi qui m'inquiète, eux ne viendront pas me démonter la gueule si je prends du retard pour les rembourser. Je pense plutôt à tous ces gens peu scrupuleux qui me harcèlent pour récupérer leur pognon. J'espère trouver un plan et vite.

Peut-être que tous ces contacts que je me suis faits à Cannes et que je continue à me faire en fréquentant ce milieu VIP vont me mettre sur une piste. En attendant, c'est grâce à eux que je vais vivre un moment un peu hors du temps. Le patron du groupe Sobieski, spécialisé dans la fabrication et la distribution d'alcool, va me proposer de collaborer à l'organisation d'un événement privé qui doit avoir lieu à Paris. Un dîner de gala de la marque et dont l'ambassadeur n'est autre que Bruce Willis. Il sera lui aussi présent le jour des festivités. J'en suis.

Parmi trente ou quarante privilégiés ainsi qu'une petite centaine de journalistes triés sur le volet, je suis comme un gosse dans cette salle de réception qui doit être l'une des plus prestigieuses de Paris. J'attends avec une excitation non dissimulée l'arrivée de notre invité d'honneur. J'ai eu la chance de croiser du très beau monde ces dernières années, mais je dois reconnaître que Bruce Willis fait partie de la catégorie de ceux qui impressionnent. Un grand parmi les grands. J'ai hâte et je ne suis visiblement pas le seul.

Sir Willis arrive et c'est la cohue. Ça se bouscule et joue des coudes pour essayer de s'approcher de lui, peut-être lui décrocher un mot ou un simple regard. Je me marre en voyant les membres de ce petit monde de coutume si coincé et pédant réagir en vraies groupies effrénées. J'observe notre objet de convoitise de loin. Il a l'air de tirer la gueule. Il est en tout cas d'une extrême froideur. À contrecœur, c'est évident, il se prête quand même au jeu des interviews. Au bout d'un long moment, la frénésie des journalistes s'estompe. Ils semblent rassasiés.

Un instant plus tard, le responsable de Sobieski vient me trouver et me demande si ça me plairait que l'on fasse venir Bruce à ma table. On pourrait discuter un peu. Non, il est sérieux ? Il me pose vraiment la question ? Je vois que l'on parle à Bruce à l'oreille. Il se lève et se dirige vers moi. Oh, putain ! Il s'installe à ma droite et me salue. Il est toujours aussi glacial. J'engage la conversation. Je lui parle de ses films, lui fait part de mon admiration. Ça ne semble pas l'émouvoir le moins du monde. Je prends des nouvelles de sa fille, qui fait ses études à Paris, peut-être que jouer la carte familiale aura plus de chance ? Toujours rien. Aucune émotion.

Pendant que nous parlons, une serveuse a déposé une bouteille de champagne en face de nous. Ce sera peut-être ça, le remède miracle. Ce le fut. Mais pas vraiment comme je l'avais imaginé. Alors que j'étais toujours en pleine opération séduction – j'y mettais vraiment tout mon cœur –, je fais un immense geste de la main, censé illustrer la hauteur de mon estime à son égard. Et là, c'est le drame. Dans mon élan, j'emporte la bouteille de champagne et la quasi-totalité de son contenu se déverse sur la table et les genoux de mon bourreau et juge. Catastrophe. Je ne sais plus où me mettre.

Bruce reste d'un calme olympien. Ses yeux le trahissent, mais il ne fait pas d'esclandre. Je l'ai échappé belle. Je fais mille courbettes pour m'excuser et, quand la serveuse a terminé de nettoyer les dégâts et posé une nouvelle bouteille, je suis tellement nerveux qu'il ne me faut pas deux secondes pour refaire exactement le même geste, qui finit exactement de la même manière. Ah, non ! Cette fois-ci, c'est sa chemise que je flingue. Et la robe de la nana assise à côté de lui aussi. C'est pas possible, je suis en plein cauchemar ! Je ne viens pas de renverser une deuxième bouteille de champagne sur le costard de Bruce Willis en plein milieu d'une réception d'exception. Non, je n'ai pas fait ça, je vais me réveiller…

Tout le monde s'affole autour de nous. On me dévisage comme si je venais de débarquer d'une autre planète. On me lance des regards assassins et des invectives que je lis sur les lèvres : « Mais qu'est-ce que tu fous, vieux ?! », « T'es con ou t'es con ?, « Mais putain, qui est-ce qui nous a fourgué un crétin pareil ? ! » Je ne parviens même plus à articuler des mots d'excuse, je suis tétanisé. Bruce se tourne vers moi, me regarde droit dans les yeux et… éclate de rire. Oh, il rit. Il a du mal à s'arrêter même. Oh, je vais rentrer vivant chez moi ce soir, chouette !

Pendant tout le reste de la soirée, chaque fois que nous nous croiserons, Bruce aura un geste pour moi. Une tape sur l'épaule, un clin d'œil ou un rictus annonciateur de la reprise de son fou rire. J'aurais évidemment préféré me faire remarquer autrement, mais finalement si je suis responsable de sa bonne humeur ce soir et de cette petite complicité que nous avons désormais, eh bien, j'estime que je ne m'en sors pas trop mal. On parle de Bruce Willis, quand même.

Des stars, comme ça, j'en rencontrerai un paquet. Un palmarès de plus de deux cents personnalités, dont je ne suis pas peu fier. Penélope Cruz, Cuba Gooding Jr., qui était venu à bord de mon bateau à Cannes, Eva Longoria, le prince Albert de Monaco, la famille Jackson… Malheureusement, je ne rencontrerai jamais Michael. Ça aurait pourtant dû arriver lors d'une soirée événement, mais il mourra quelques semaines avant. Je ne suis pas du genre fan hystérique, mais s'il y a bien quelqu'un qui me fascine depuis toujours, c'est sans conteste le roi de la pop. Manger au resto à plusieurs reprises avec son frère Jermaine, quand on sait à quel point ils se ressemblent, pansera un peu ma plaie.

Qu'elles soient du cinéma, de la musique ou des médias, toutes ces personnalités me seront utiles pour faire parler de moi. Un marketing vendeur qui m'aura valu pas mal d'articles dans la presse. Avec des titres tels que « Mais qui est ce Belge, ami des plus grandes stars ? », je suscitais la curiosité et atteignais mon objectif. Des rencontres, furtives pour la plupart, parfois même juste le temps de la photo, mais dont je tirais un sacré bénéfice. Et même, je l'avoue, le plaisir de séduire quelques starlettes de la télé-réalité. De très bons souvenirs.

Ma consécration, c'est Massimo Gargia qui va en être l'auteur. Depuis notre rencontre à Cannes, nous nous étions déjà revus quelques fois. Et il venait de m'inviter à la remise des prix The Best. Une cérémonie qu'il organise depuis près de quarante ans et qui vise à couronner différentes personnalités ayant fait preuve d'une indéniable élégance dans leur style de vie ou leur travail. L'édition 2010 doit avoir lieu le 13 décembre. Ça tombe bien, c'est le jour de mon anniversaire.

Adriana Karembeu, Paul-Loup Sulitzer, Ivana Trump, lady Monika Bacardi sont quelques-uns des invités de marque présents ce soir-là. Je n'aurais pas rêvé mieux pour fêter mes vingt-huit printemps. Et je ne suis pas au bout de mes surprises. Alors que je regarde les lauréats défiler fièrement pour aller chercher leur récompense, je crois un moment divaguer. C'est mon nom que je viens d'entendre ? Quoi, à moi aussi il m'en décerne un ? Je me retrouve sur scène, assez ému je dois dire, et, à l'écoute des mots de Massimo, plutôt gêné même.

« Alexandre, c'est un jeune homme courageux. Un jeune homme qui tous les jours se bat avec son handicap, sans que celui-ci lui dicte pour autant sa conduite. Tous les jours, il repousse ses limites. Tous les jours, il rêve, se bat et travaille pour aller au bout de ses envies, de ses idées, de ses projets. Et il le fait, toujours avec élégance. J'ai le plus grand respect pour ce jeune homme, à qui je remets… » Merci, Massimo, c'est un… très beau cadeau d'anniversaire.

Ce soir-là, Ambre Rouvière, ma voisine de table, m'interpelle. Après les présentations de politesse et d'usage, je trouve qu'elle me pose beaucoup de questions sur ma vie, mon parcours, les embûches auxquelles j'ai été confronté. Elle veut toujours en savoir plus, connaître les détails, je trouve ça étrange.

– C'est quoi, le délire ? Vous êtes de la police ?

– Non, je suis éditrice. Et votre histoire m'intéresse.

Ambre me demande si j'ai déjà imaginé mettre ma vie par écrit. Non, jamais vraiment. Elle me dit que je devrais peut-être y penser, qu'il ne s'agirait pas d'une histoire mélodramatique sur la vie d'une personne en chaise roulante, mais plutôt d'une histoire trépidante sur *les vies* d'une personne en chaise roulante. Ce serait un bel exemple de volontarisme à raconter. Je vais y réfléchir, je ne sais pas trop. Pas maintenant, en tout cas. Pour le moment, je suis encore dans le feu de l'action. Mais je garde sa proposition dans un coin de la tête. Le jour où je me décide, elle sera ravie de proposer ce projet de biographie à sa direction. Affaire à suivre…

C'est vrai que j'aime la lumière et que j'aurais facilement pu être séduit par ce projet de livre et par la potentielle petite célébrité qu'il m'aurait procurée. Mais là, dans l'immédiat, il y a une tout autre lumière qui m'attire et que je ne peux m'empêcher de suivre. C'est le représentant de la marque Playboy en Europe, un type super sympa dont j'ai fait la connaissance peu de temps auparavant, qui va me servir de guide.

Il me propose de reprendre les droits de Playboy pour le marché belge. VIP Belgium sera la seule et unique société autorisée à organiser des événements pour la marque ou se servant de la marque. Je dois toujours pas mal d'argent et je sens que ça peut être une activité lucrative. De plus, à cette époque, je suis célibataire et toujours aussi friand de tout ce qui a trait au plaisir de la chair. Le moment est parfaitement choisi, c'est parti.

Et ça commence bien, très bien même. Les différents événements et soirées à thème que j'organise rencontrent beaucoup de succès. Mais ce n'est pas la seule satisfaction que j'en tire. Quand on pense Playboy et festivités, on pense évidemment nanas super sexy. Ce sont elles qui font la renommée et le prestige de la marque. Le casting est donc une étape particulièrement décisive et je me dois d'y porter toute l'attention qu'elle mérite. Ah, le pied !

Mais attention, en bon chef d'entreprise, j'ai mis des limites. Je me suis promis de ne jamais avoir de relation sexuelle avec mes employées. Ça ne ferait que compliquer le travail et je ne dérogerai pas à cette règle. Par contre, parmi celles avec lesquelles je n'ai pas contractées, je ne vois pas pourquoi je ne pourrais pas en revoir certaines et apprendre à mieux les connaître. Quand je me remémore ces séances de socialisation approfondie… brrr, j'en frissonne encore.

Et petit à petit, grâce à cette licence Playboy, mais aussi d'autres projets que j'ai sur le côté, je commence à rembourser mes créanciers. Et comme un bonheur ne vient jamais seul, je vais aussi avoir l'occasion de réaliser mon dernier fantasme encore inassouvi. Un plan à trois. Moi et deux nanas. J'en rêve depuis toujours. Et ce n'est pas faute de l'avoir suggéré à mes ex, aucune n'a jamais vraiment voulu franchir le cap. Mais maintenant, avec l'environnement dans lequel j'évolue, je ne vais même plus devoir courir derrière, on va me le servir sur un plateau d'argent.

J'ai été contacté par des patrons d'agence d'escort ou de salons de massage de luxe. J'ai en ma possession quelque chose qui a leurs yeux représente un véritable trésor : mon carnet d'adresses. Mes contacts, mais aussi les bases de données que j'achète et que j'échange sont une mine d'or pour quiconque veut faire un mailing de masse à des destinataires branchés. Et ça, ils l'ont compris. À défaut d'avoir des budgets marketing, ils ont aussi parfaitement compris comment ils pourraient me rétribuer.

On a notre petit arrangement. Chaque mois, j'envoie le mail ou la pub qu'ils me soumettent à tout mon carnet d'adresses. Je prends évidemment bien soin de ne pas faire apparaître mes coordonnées pour qu'on ne puisse pas m'identifier. En échange, chaque mois et chez moi, ils m'envoient deux de leurs filles pendant deux ou trois heures. Je sais que ça reste de la prostitution. Mais, à mille lieues de celle dont j'avais déjà fait l'expérience. Ici, on est vraiment dans du haut de gamme.

Les filles sont terriblement sexy et se dédient corps et âme à leur travail. Je me rappelle être assis dans mon canapé, une coupe de champagne à la main et, pendant que l'une me taillait une pipe, j'embrassais langoureusement l'autre. Elles jouaient entre elles, faisaient semblant de se battre pour moi. Je savais pourquoi j'en avais toujours rêvé, ce plan avait été inventé pour moi. C'était vraiment la belle époque.

Et comme à peu près tous les plaisirs auxquels j'ai goûté, j'abuse de celui-ci aussi. Je suis libéré, célibataire, bien dans mon corps et dans ma tête, et j'en profite. C'est le temps des partouzes. Plus questions de payer les filles, évidemment. Nous sommes une bande de jeunes, avides de sexe et de plaisir. Rien de plus, rien de moins.

J'aimerais tellement connaître cet état de grâce sur le plan professionnel aussi. Je commence tout doucement à sortir la tête de l'eau, mais je sais que le chemin sera long. Pourvu qu'exceptionnellement il ne soit pas semé d'embûches…

26

Sinistre total

En 2011, je prévois d'organiser un nouvel événement pendant le Festival du film de Cannes. Une soirée au *Palm Beach* qui doit mettre la Belgique à l'honneur. Je m'associe avec différents partenaires et sponsors, on attend plus de mille personnes, c'est bien parti. Comme chaque année, je demande à Jimmy, mon ami et homme de confiance, de m'accompagner et d'assurer la sécurité de l'événement.

Jamais, pendant toutes ces années, il ne m'a fait faux bond. Depuis plus de quinze ans, Jimmy est un ami fidèle sur qui j'ai toujours pu compter, un chef de sécurité hors pair qui, depuis *La Villa Loca*, a toujours fait preuve d'un incroyable professionnalisme. Ce n'est pas pour rien que c'est à lui que je fais systématiquement appel pour m'accompagner lors de mes déplacements et pour encadrer mes événements. Pour ce nouveau projet, Belgium United, cela faisait plusieurs mois qu'il avait, comme à chaque fois, accepté mon offre.

Pourtant, pour la première fois, et à deux semaines de notre départ, il va me planter. Je suis d'abord très étonné qu'il m'appelle pour me dire qu'il ne pourra pas honorer ses engagements. Il aurait pu se déplacer. Mais ce sont ses tentatives d'explication qui me surprennent le plus. J'ai le sentiment qu'il me raconte des conneries. Sa femme ne le laisserait pas partir. Bizarre, ça fait des années que nous fonctionnons comme ça et je ne l'ai jamais entendue exprimer un quelconque avis défavorable.

Je ne comprends pas ce qu'il me raconte, il s'embrouille. Je m'emporte. Il sait que je compte sur lui. Pas seulement pour la sécurité de l'événement lui-même, mais pour tout le voyage. Il sait que je ne peux pas partir tout seul et qu'il me fout dans la merde. Je raccroche, fâché, mais surtout interloqué. Ce n'est pas son genre de me planter comme ça. Ce sont finalement maman et Adi qui vont m'accompagner. La soirée sera un nouveau succès. Plus de mille personnes, pas mal de célébrités, des retombées médiatiques… Je rentre de Cannes tout sourire.

Quelques mois plus tard, le 1er août 2011, je n'oublierai jamais cette date, je suis en voiture pour aller rejoindre Salvatore. Nous devons réserver nos prochaines vacances en Turquie. Mon téléphone sonne. C'est le patron de l'agence de sécurité que Jimmy connaît très bien. Il me demande si je suis au courant. Au courant de quoi ? Sa voix est grave. Putain, non ! Dis-moi ! Qu'est-ce qui se passe ?

Jimmy a été retrouvé mort ce matin, chez lui. Sa maison a été incendiée et sa femme et leur bébé de dix-huit mois ont aussi péri dans les flammes. Le choc de cette annonce est d'une violence inouïe. En une fraction de seconde, tout s'arrête autour de moi. Je me range sur le côté et je fonds en larmes. Il me faut quelques minutes pour reprendre mes esprits. Je file chez Salvatore et lui apprends la nouvelle. Il s'effondre à son tour. Nous appelons la bande. Chacun prend congé et nous nous donnons rendez-vous chez moi. Je n'ai pas plus de détails. Ils sont morts, tous les trois. La maison a brûlé. Certainement un acte criminel. On essaie de comprendre. On n'a aucune info. Nous sommes perdus, anéantis.

Dans l'après-midi, je suis contacté par l'inspecteur en chef chargé de l'enquête. Il veut me voir. Le type de la sécurité qui m'a annoncé la nouvelle lui a indiqué que nous étions très proches Jimmy et moi. Il arrive à la maison et l'interrogatoire commence. Il nous pose toute une série de questions sur Jimmy. Sur sa vie, ses habitudes, son comportement ces derniers temps, les éventuels trafics auxquels il pourrait être mêlé.

On lui dit tout. On lui explique que Jimmy est un type en or. Le gars que tu appelles au milieu de la nuit si tu as un souci. Mais on lui raconte aussi que Jimmy n'avait pas toujours de très bonnes fréquentations.

L'inspecteur nous donne un peu plus de détails sur les circonstances du drame. Il nous explique que les corps de Jimmy et de sa femme étaient très abîmés. Tellement amochés et défigurés qu'ils ont eu beaucoup de mal à les identifier. Jimmy a été retrouvé au rez-de-chaussée, avec plus d'une centaine de coups, la plupart portés au visage. Sa femme aussi a reçu des coups au niveau du crâne. La maison aurait ensuite été incendiée. Et le bébé, qui était dans sa chambre, aurait ainsi péri dans les flammes. Il n'y a pour le moment pas de piste. Il n'y a surtout pas de mots pour décrire cette tragédie.

L'inspecteur nous laisse. Il nous tiendra informés dès qu'il a du nouveau. On reste seuls avec ces images sordides en tête et je commence la parano. Jimmy avait ses propres business, mais il était surtout connu dans le milieu pour être mon homme de main. Celui qui réglait mes soucis si je devais en avoir. Est-ce que c'est à moi qu'on essaie d'adresser un message ? Est-ce que ce carnage serait une manière de m'atteindre moi ? Je suis complètement paumé.

Grand classique du milieu, il ne faudra pas attendre longtemps pour que les rumeurs salissent encore un peu plus l'affaire. On aura tout entendu, les pires saloperies. Chacun y va de sa petite histoire. Jimmy aurait eu des contentieux avec la mafia, sa femme et lui se seraient livrés à d'ignobles trafics... Nous, qui les connaissions bien, savions que ces histoires étaient de pures inventions. C'était très dur à entendre.

Les mois qui suivent vont être extrêmement difficiles. Même si je continue à me demander si j'ai quelque chose à voir dans cette histoire, je finis par me rendre à l'évidence. Si j'avais été directement visé, j'aurais déjà certainement eu des nouvelles et ça n'a pas été le cas. D'autant que je n'ai plus réellement d'ennemis jurés et que je continue à rembourser mes dettes. Et puis je me dis surtout que, au vu de la barbarie du crime, c'était sûrement Jimmy, et personne d'autre, qui était dans la ligne de mire.

La pression redescend un peu. Par contre, la colère, l'incompréhension et une envie de vengeance ne cessent de grandir en moi. Avec les copains, on se dit qu'il faut qu'on mette la main sur le type qui a fait ça. Il faut qu'on le retrouve et qu'on se charge de lui. Les cauchemars que je fais depuis ce triple homicide se font de plus en plus violents. La rage s'est littéralement emparée de moi. Et elle va trouver son point de cristallisation.

Dans la déposition que j'ai faite à la police, j'ai raconté que Jimmy m'avait planté deux semaines avant un projet que nous avions ensemble. Et que ce n'était pas dans ses habitudes. Je leur ai aussi surtout raconté que, deux jours avant le meurtre, Jimmy et moi avons passé l'après-midi ensemble. C'était la première fois que je le revoyais depuis notre prise de tête. Même si je n'avais toujours pas avalé la pilule de son désistement, je n'allais pas lui en vouloir à vie.

Pendant les quelques heures que nous avons passées ensemble, Jimmy n'arrêtait pas de passer des coups de fil. Je lui ai demandé ce qui se passait, avec qui il était en ligne. Il m'a répondu qu'un type lui devait pas mal d'argent, quelqu'un que je ne connaissais pas. Et que, comme il devait s'acheter une voiture deux jours plus tard, il devait absolument récupérer son fric. Mais qu'il ne fallait pas que je m'inquiète.

L'inspecteur a noté ces éléments qui pour moi n'avaient a priori pas de lien avec notre affaire. C'était quelqu'un qui devait de l'argent à Jimmy, et pas l'inverse. Pourtant, deux mois après ces déclarations, je reçois un coup de fil de l'inspecteur, qui me dit qu'ils sont parvenus à retracer les appels que Jimmy a passés ce jour-là et qu'ils sont sur une piste. Ils ont identifié le gars, découvert pas mal d'éléments l'incriminant et il serait leur principal suspect.

C'était quelqu'un que Jimmy connaissait bien. Ils étaient même assez proches. Ce type et sa femme avaient mangé à plusieurs reprises chez Jimmy. Tout ce petit monde semblait s'entendre à merveille, mais en effet le gars lui devait plusieurs milliers d'euros et avait des difficultés à le rembourser. Ce qui a mis la puce à l'oreille des enquêteurs, c'est le fait que je décrive l'état d'esprit de Jimmy ce jour-là. Il était clairement hors de lui. Or, lors de son audition, notre présumé innocent ou coupable, ça dépend du point de vue, avait prétendu que leur relation était parfaitement sereine.

Le type est maintenant en garde à vue. Et, bien entendu, il nie les faits. L'élément central est qu'il dément avoir été en froid avec Jimmy. Jamais il n'y aurait eu de tension entre eux. Il va falloir confronter les versions. Étant à l'origine de ces déclarations, l'inspecteur me demande d'intervenir. Il veut organiser une confrontation.

J'hésite. Je me dis que si c'est vraiment l'auteur des faits, un sauvage capable de décimer une famille tout entière, je m'expose à de sanglantes représailles. Ça me fait flipper. Et puis je me dis aussi que si je me trouve à côté du mec qui a assassiné mon pote, je ne suis pas sûr de pouvoir me contrôler. Je parle de mes doutes avec l'inspecteur en chef, mais, pour lui, c'est très clair : seule cette confrontation peut faire avancer l'enquête. J'accepte.

Forcément, ce seront deux heures de supplice. Deux heures passées dans une toute petite salle surchauffée avec ce type assis juste à côté de moi. Bien sûr, on n'est pas certain qu'il soit responsable des faits, mais j'ai comme l'impression que trop d'éléments l'accablent et surtout son attitude me met hors de moi. Il est méprisant, sûr de lui, et on sent que sa défense a été parfaitement préparée. Son père, un avocat reconnu du barreau de Bruxelles et professeur d'université émérite, a certainement dû le briefer. Ses réponses semblent récitées, comme si, en bon élève, il avait appris sa leçon de droit par cœur. À tel point qu'il se permet d'en être arrogant.

Il maintient sa version des faits, Jimmy n'était pas en colère contre lui. Je persiste, mais il continue à nier. Pour moi, ça ne fait plus aucun doute, c'est bien lui le coupable. S'il n'avait rien à se reprocher, il pourrait admettre qu'ils étaient en froid. Plus il s'enfonce dans son mensonge, plus je suis convaincu de sa culpabilité. Malheureusement, la torture s'achève sans avoir réellement fait avancer les choses. Pourtant, quelque chose a changé. Quand je pense à ce drame, j'ai maintenant un nom et un visage qui me viennent en tête.

Je serai le seul de la bande à le voir et à le regarder droit dans les yeux. Et mes cauchemars et mes envies de vengeance ne vont faire que s'accentuer. Cette rencontre a été extrêmement perturbante pour moi. Pendant plusieurs semaines, voire plusieurs mois, je fais des rêves affreux. Des rêves de torture, pleins de violence et de souffrance. Ce sentiment de vengeance est encore encouragé par des amis de Jimmy, les types qui travaillaient dans la sécurité avec lui. Ils me disaient : « On va le retrouver, il va payer. » Bien entendu, personne ne bougera.

L'affaire va faire grand bruit dans les médias. Évidemment, un triple meurtre avec enfant, ça ne passe pas inaperçu. Même le jour de l'enterrement, ils seront là. Un jour terrible. Encore une épreuve particulièrement difficile à surmonter. Toute sa famille, ses amis… on est tous encore en état de choc. Je suis particulièrement atteint moi aussi. Jimmy, c'est un peu le pilier de toute ma vie. C'est lui qui m'a présenté aux Italiens, lui qui m'a introduit dans la bande, le premier à avoir vu en moi autre chose que le petit con que je pouvais être. Il a toujours été là pour moi. Je lui dois tellement.

Le soir de l'enterrement, on avait prévu de faire une soirée d'adieu un peu spéciale. Les nouveaux patrons de *La Villa Loca* nous avaient permis d'y organiser un drink. On pensait que Jimmy serait heureux de nous voir rassemblés dans ce lieu qui lui était cher. Un endroit plein de souvenirs, des bons comme des mauvais. Mais en ce jour, un endroit rempli de tous ceux qui l'ont aimé. Il y a toujours un sentiment étrange lors des enterrements, un sentiment partagé entre la douleur de l'être perdu à jamais et la joie de revoir tous ceux et celles que le chemin avait un temps éloignés.

J'ai eu un plaisir tout particulier à revoir Nathalie ce jour-là. La stagiaire coquine de Julia. Elle avait pas mal grandi entre-temps, mais elle était toujours aussi sexy. J'étais au trente-sixième dessous, mais ça m'a fait un bien fou de parler avec elle. À la fin de la soirée, elle va me raccompagner à la maison et nous passerons la nuit ensemble. On va même commencer une petite relation. J'avais besoin de tendresse et de réconfort. Besoin de pleurer et de rire dans les bras de quelqu'un. Merci, mademoiselle.

L'apaisement ne sera que de courte durée. L'enquête piétine. Et même si notre type a fait une brève incursion derrière les barreaux, il n'y est resté que quelques mois. Juste avant d'entrer en prison, il a eu l'excellente idée de mettre sa femme enceinte. Il a alors profité d'une période de vacances pour faire sa demande de mise en liberté conditionnelle. Une demande qui lui a été accordée sans problème par les substituts du tribunal d'application des peines.

Bien sûr, même s'il était responsable des faits, les circonstances indiquaient qu'il n'allait probablement pas commettre ce crime de nouveau, il ne représentait donc pas un danger pour la population. Bien sûr, étant donné que sa femme allait accoucher, il était logique de le libérer pour qu'il soit à ses côtés. Tout cela est d'une évidence, d'une logique et d'une justice implacables.

Je n'ai en réalité pas de mots pour exprimer ce sentiment qui nous anime lorsque l'on imagine que la personne qui est peut-être responsable de la mort d'un ami, de sa femme et de son petit garçon de dix-huit mois est remis en liberté pour qu'il puisse, lui, être au chevet de sa femme sur le point de donner la vie. Le voilà donc libéré sous condition. Celle de se présenter au tribunal le jour du procès.

S'il est malin, ce qui ne fait pas l'ombre d'un doute, d'ici là, il n'aura pas fait un pas de côté. Toutes ses affaires seront en règle, il aura un travail clean, une belle petite vie bien rangée, un joli petit bébé... Il pourra s'appuyer sur tous ces éléments pour faire pencher la balance en sa faveur. Si des jurés devaient décider de le remettre derrière les barreaux après tout ce temps, au risque de gâcher la vie d'une famille tout entière, ils y réfléchiraient à deux fois.

Il ne se passe pas un jour sans que je pense à cet événement du 1er août 2011. Je pense à Jimmy, à sa famille, à sa mère, à sa sœur, à la famille de sa femme. Ils sont tous toujours complètement anéantis. Le procès n'a pas encore eu lieu et aucune date n'a été arrêtée. Les compléments d'enquête tirent en longueur. Sans ce procès, je crois que personne ne parviendra jamais à faire son deuil. Même si selon moi le suspect est certainement le responsable de ces actes affreux, ce n'est pas à moi d'en juger et il ne s'agit ici que de mon avis personnel. Tout ce que j'espère c'est que la justice réussira à élucider cette affaire et que le véritable criminel pourrira de nombreuses années en prison.

La vérité, c'est que je crois que, même avec un procès, et même si un coupable est désigné, nous partageons à vie une plaie béante que le temps permettra peut-être de soulager un peu, mais dont nous ne guérirons jamais. C'est bien la première fois que je suis viscéralement, maladivement et inéluctablement convaincu de quelque chose. Je ne pensais pas un jour chérir la douceur du doute... il faudra que je m'en souvienne.

27

Constat forcé

Plusieurs mois se sont écoulés depuis la mort de Jimmy. Il aurait été le premier à le dire, ce n'est pas parce que quelqu'un auquel on tient s'en va qu'il faut s'arrêter de vivre. Alors, même si aucun de nous n'y met du cœur, on fait en sorte que la vie reprenne son cours et je reprends mes petites affaires, le cœur lourd.

Depuis bientôt deux ans, j'occupe un poste de relations publiques pour différents établissements. J'organise de nouveaux événements à Cannes, comme celui à l'*hôtel Martinez* pour la fondation Sea Shepherd. Parmi d'autres, la star hollywoodienne Michelle Rodriguez participera à ce gala de charité pour défendre les fonds marins. Les affaires vont bon train, mais je n'arrive pas à m'en réjouir.

Depuis la disparition de Jimmy, rien n'est plus comme avant. Je ne prends plus le même plaisir lors de ces soirées mondaines. Je sens que quelque chose s'est brisé en moi. Je ne parviens pas encore à comprendre ni à surmonter ce sentiment, mais je sais que j'ai besoin de prendre de la distance, de faire le point. Je vais partir loin et m'éloigner de tout ça pendant un moment.

Je décide de faire un beau voyage. Je partirai tout l'été sur la côte ouest américaine, en Californie. J'ai des amis qui vivent à Los Angeles, ce sera parfait pour commencer.

J'ai besoin de me ressourcer et de goûter de nouveau à la notion de plaisir. Ça fait un moment que tout me semble insipide. Il y a quelques mois, même si cela m'avait fortement été déconseillé, j'ai fait un saut en parachute quelque part dans la campagne belge. Je n'avais pas tenu compte des recommandations et je ne l'ai pas regretté. La sensation que m'a procurée ce saut avait été jusque-là inégalée. À Las Vegas, je remettrai le couvert. Un saut à l'élastique à presque quatre cents mètres de hauteur. J'ai besoin de me sentir en vie et je suis à la recherche de sensations fortes, mais ma réflexion va me pousser encore un peu plus loin.

Je passe par une phase de remise en question totale. Je me demande si mon style de vie me convient, si ce que je fais professionnellement a vraiment du sens. Je suis conscient d'évoluer dans le monde du paraître, et cela ne m'avait jusqu'ici jamais posé de problème de conscience, mais les choses ont changé. Des relations nourries par l'intérêt, des échanges teintés de superficialité… Est-ce réellement ce que je souhaite connaître toute ma vie ? Est-ce ça, la trace que je veux laisser derrière moi ?

Si la vie s'arrête du jour au lendemain, si je devais mourir demain, serais-je fier du travail accompli ? La réponse est non. J'avais déjà moi-même fait l'expérience de la mort à plusieurs reprises, mais c'est l'absence de Jimmy qui sera à l'origine du déclic. Je veux puiser au fond de moi, retrouver les valeurs qui ont forgé mon éducation et réaliser quelque chose dont le caractère utile me procurerait une humble satisfaction. Un tout autre délire que celui qui m'animait ces dernières années. Je veux être un mec bien, pas juste un jeune qui s'éclate. C'est fini la revanche et l'égoïsme.

Je suis toujours en Californie quand l'évidence s'impose à moi. Depuis toujours, j'aime voyager. Mais les choses se sont un peu compliquées depuis mon accident. Pour quelqu'un dans ma condition, organiser un voyage, qu'il soit hors des sentiers battus ou pas, est un défi de tous les instants. J'en ai fait l'expérience à plusieurs reprises. Je me souviens de mon séjour en République dominicaine. On m'avait garanti que tout serait accessible et adapté, mais, une fois sur place, c'était un calvaire.

Je constate que ce n'est pas toujours de la mauvaise volonté. Il est assez difficile de s'imaginer toutes les contraintes que représente un déplacement en chaise roulante. Quand il y a un pas à faire, c'est un pas de trop. Il faut le vivre pour s'en rendre compte. Alors chaque fois que j'entreprends un voyage, je passe un temps fou sur Internet. Un séjour de quelques jours m'en prend au moins autant pour l'organiser. Il faut glaner des informations à gauche et à droite. Parfois aucune n'est disponible, parfois elles se contredisent. Dans certains pays, il existe déjà des sites qui traitent de l'accessibilité, des moyens de transport ou des logements adaptés, mais c'est très rare.

Je suis à Los Angeles quand, au milieu de la nuit, je me réveille avec l'idée qui va donner un nouvel élan à mes aspirations. Je veux créer un portail Internet d'ampleur européenne, et peut-être un jour mondiale, qui rassemblerait toutes les informations dont les personnes souffrant de problèmes de mobilité pourraient avoir besoin pour organiser un voyage. En une heure de temps, un séjour qui aurait pris plusieurs jours de préparation pourrait être bouclé.

Logements, moyens de transport, associations actives sur place… l'idée serait de centraliser des informations existantes. Ainsi, quelqu'un qui souhaiterait par exemple partir de Bruxelles pour se rendre au Portugal n'aurait qu'à encoder sa destination pour recevoir toutes les informations nécessaires à l'organisation de son voyage. Bien évidemment, des informations vérifiées, fiables et régulièrement mises à jour. C'est une idée innovante. Même si des sites existent déjà, rien n'est réellement centralisé. Mon portail servira de trait d'union.

Une idée originale, valorisante et utile. C'est tout ce dont j'avais besoin. Je ne fais pas une croix définitive sur mes précédentes activités, mais je veux consacrer un maximum de temps et d'énergie à mon nouveau projet. Je suis tout juste rentré en Belgique et je crée mon association : Wheeling Around the World (WAW). J'aime ce nom, il est plein de signification. Faire un *wheeling* en chaise roulante, c'est synonyme de liberté. Se mettre sur ses deux roues arrière et monter ou descendre des marches. Le symbole est parfait.

Je veux trouver un parrain d'exception pour mon association, quelqu'un dont la renommée servira à faire parler du projet. Je le trouverai en la personne de Nikos Aliagas, le présentateur vedette de TF1. Il a été très touché par ma démarche et a plié l'affaire quand je lui ai avoué que je rêvais depuis toujours de visiter la Grèce. La structure est créée, le parrain est en place, il va maintenant falloir faire parler de nous, parce que mon projet ne pourra pas voir le jour si je ne récolte pas les fonds nécessaires à son développement.

Je pars de zéro, mais je ne me résous pas à aller vendre des pin's ou des autocollants dans la rue pour récolter quelques milliers d'euros. Mon approche va être tout à fait différente. Je veux trouver des sponsors ou des partenaires prêts à investir dans mon projet. Et, pour les séduire, je dispose d'un atout incontestable, un potentiel de médiatisation puissant. Soyons honnêtes, quand une société fait œuvre de générosité, elle veut aussi que ça se sache. Pas de problème, c'est de mon ressort.

Je vais ainsi organiser deux galas de charité au profit de l'association. L'un à Bruxelles et l'autre à Cannes. Je vais faire appel à tous mes contacts pour faire du lancement de WAW un événement très médiatisé. Je suis profondément heureux de réaliser que toutes ces années passées dans ce milieu qui m'avait soudainement écœuré, j'allais en réalité pouvoir les mettre à profit pour réaliser ce projet qui me tient tellement à cœur.

Comme si ma vie antérieure me permettait de créer la nouvelle. Je trouve ça beau.

Le lancement que j'organise à Bruxelles en 2013 ne passe pas inaperçu. Nikos, Massimo Gargia, les frères Bogdanov, Paul-Loup Sulitzer et bien d'autres jouent parfaitement leur rôle de vedettes. La presse me consacre de nombreux reportages et interviews, dont six pages dans *Paris Match*. La machine est lancée. Le gala de Cannes à l'*hôtel Majestic* viendra encore un peu plus asseoir la notoriété de l'association. Je suis infiniment reconnaissant de la disponibilité de chacun, de l'aide que j'ai reçue, mais surtout je suis vraiment touché par la sincérité que j'ai ressentie dans leur volonté de m'encourager dans mon projet.

J'aurai pu compter sur le soutien de nombreuses célébrités, mais aussi de celles qui ont une vraie légitimité dans le secteur. Même si j'en fais partie, le monde du handicap m'est encore un peu étranger. Et avec l'aide de Philippe Pozzo di Borgo (l'histoire vraie du film *Intouchables*), Philippe Croizon (amputé des quatre membres, il est célèbre pour avoir traversé la Manche ou avoir relié les quatre continents à la nage) ou Philippe Streiff (ancien pilote de formule 1 devenu tétraplégique), je vais entrer dans la cour par la grande porte. Leur présence pour le lancement de l'association n'a pour moi pas de prix.

Et celui qui va encore un peu plus me conforter dans l'idée que la voie que j'ai choisie est la bonne, c'est Bruno de Stabenrath. Celui que je regardais avec admiration depuis son passage chez Thierry Ardisson. Nous

nous étions vus plusieurs fois à Paris et mon projet l'avait séduit. Il était prêt à tout faire pour que l'association décolle. Son aide a pour moi une force symbolique toute singulière. C'était déjà grâce à lui que j'avais repris goût à la vie, grâce à lui que, depuis toutes ces années, je vivais une vie, une vraie. Et maintenant qu'il s'associe à moi pour ce nouveau combat, je sais au plus profond de moi que je suis sur le droit chemin.

Les retours que je reçois à la suite de la création de Wheeling Around the World sont élogieux. On me félicite. Mais pour d'autres raisons que celles que j'ai entendues par le passé. Je suis à l'origine d'un projet utile. Un projet qui conjugue ce qui me définit profondément, le handicap et le voyage. Inévitablement, je pense à Jimmy. Il doit me regarder de là-haut et certainement bien se marrer. J'espère en tout cas qu'il est fier de moi et de ce que son souvenir a déclenché. Ça me soulage… un peu.

28

Compteurs à zéro

Tant que j'y suis dans ma remise en question, je trouve le moment idéal pour penser à la réalisation d'un autre de mes rêves. Depuis tout petit, je sais qu'un jour dans ma vie je vais prendre la route. Partir une année pour voyager, découvrir différents pays, y résider pendant un temps et m'imprégner de la culture locale. Ce rêve, je vais pouvoir le combiner avec une autre mission poursuivie par l'association.

WAW doit permettre l'élaboration d'un portail Internet regroupant toutes les informations utiles à l'organisation d'un voyage pour personnes à mobilité réduite. Je voudrais agrémenter cette source d'information pratique par une série de reportages ludiques et pédagogiques. Je voudrais réaliser des vidéos sur l'accessibilité à l'étranger, aller à la rencontre des associations, créer une synergie entre tous les acteurs du handicap et leur donner un maximum de visibilité sur notre plateforme numérique. Mon projet de voyage devrait pouvoir y contribuer.

Je le sens au plus profond de moi-même, je suis à un tournant de ma vie. Je veux, non pas faire table rase du passé, mais embrasser pleinement cette nouvelle dynamique qui naît en moi. Je dois me défaire de tout. Je rends mon appartement. J'entrepose les quelques dernières affaires que je possède dans un garde-meubles. Plus rien ne me retient. Le jour de mon départ, je serai totalement libre. Comme si je venais de mettre un point final aux premiers chapitres de ma vie et qu'il n'appartenait qu'à moi d'écrire les suivants.

Tiens, ça me rappelle la proposition d'Ambre Rouvière. Son idée de mettre ma vie par écrit. Le moment n'avait pas été opportun ; aujourd'hui, il l'est. Je pars vers l'inconnu en laissant mon passé derrière moi. Si je voulais faire un bilan, raconter mes souvenirs d'enfance, parler en détail des frasques qui ont jalonné mon parcours depuis mon accident, il faut que je le fasse tant que tout cela est encore clair et frais dans mon esprit. Je suis sûr qu'une fois à l'étranger j'aurai tout le loisir de me pencher sur la question. C'est parfait, ce voyage, je vais aussi le consacrer à la rédaction de ma biographie, première partie.

Il faut maintenant que je choisisse le lieu de mes prochains exploits. Je dois évidemment tenir compte de mes finances et je sais que je ne vais pas pouvoir me permettre de découvrir toutes les destinations dont je rêve. Les États-Unis, par exemple, j'oublie. Je pense à Bruno, ce cousin qui travaille dans l'aviation et qui vit en Asie depuis quelque temps. Je vais reprendre contact avec lui. Il est au Vietnam pour le moment et, même si nous ne sommes pas particulièrement proches, mon projet de voyage l'emballe. Il insiste pour que je lui rende visite.

Bruno fait mouche avec ses arguments. La vie au Vietnam est cool, les gens sont sympas, la chaleur est omniprésente et on peut se permettre un niveau de vie bien supérieur à celui qu'on a en Europe avec un budget équivalent. Il me dit qu'il est tout disposé à m'aider pour me trouver un logement et que je vienne y passer l'été. Je ne connais pas l'Asie, je n'y suis jamais allé, mais ce continent m'a toujours attiré. Il n'en faut pas plus. Bruno me loue un appartement pour trois mois, mes valises sont prêtes.

Je débarque à Hô Chi Minh-Ville, poumon économique du Vietnam. Je savais que je ne devais pas m'attendre aux centres urbains auxquels j'étais habitué, mais le choc est total. L'effervescence de la ville me prend aux tripes. Le trafic, l'agitation, un chaos apparemment organisé... Pour moi, c'est la jungle. Rien que le fait de traverser la rue est une aventure en soi. Il y a des vélos et des motocyclettes partout, les priorités ne sont pas respectées, les passages pour piétons et les feux de signalisation trop rares...

Et je ne parle même pas des infrastructures d'accessibilité, elles sont tout simplement inexistantes. Même dans les lieux touristiques les plus emblématiques, je constate que le handicap n'est pas une priorité. Ça ne fait rien, je sens que je vais me plaire ici et que je vais très vite m'accommoder de cet environnement au demeurant hostile. Je suis débrouillard et, surtout, je vais rapidement découvrir tous ces petits trésors cachés qui font du Vietnam une destination sur mesure pour moi.

Bruno ne m'avait pas menti, le coût de la vie est vraiment dérisoire ici. Je peux me permettre des activités qu'il ne me serait pas venu à l'esprit d'avoir à Bruxelles. À commencer par les massages. Pour trois euros, ces quelques heures passées entre des mains expertes me procurent un plaisir fou et me soulagent de mes incessantes douleurs, quel bonheur. Je suis immédiatement conquis et deviens un adepte inconditionnel de ces séances de relaxation.

Après quelques jours seulement, j'ai complètement oublié le stress de Bruxelles. J'ai laissé derrière moi ce rythme de vie effréné caractéristique de nos sociétés occidentales et embrassé le mode de vie « à la vietnamienne ». Enfin, plutôt celui d'un vacancier féru de plaisirs divers et variés. Et je ne m'en prive pas. Je vais tous les jours au resto, j'enchaîne les sorties et je conjugue ces réjouissances avec un tout autre aspect de la vie locale qui va bien vite devenir mon attrait culturel favori, l'hospitalité de la gent féminine.

Mon statut d'Européen me confère le statut de proie d'exception. On m'a souvent dit qu'en Thaïlande la prostitution était très répandue. J'ai l'impression qu'au Vietnam les choses sont un peu différentes. Je peux rencontrer une fille différente chaque soir, parfois en boîte, parfois via des sites de rencontres. Nous passons la soirée, puis la nuit ensemble, mais jamais, au grand jamais, je ne les ai rétribuées. J'ai beaucoup parlé avec elles, essayé de comprendre à quoi pouvait être due cette ouverture, cet engouement pour le mâle européen.

Je comprends que ces demoiselles cherchent avant tout à passer du temps avec quelqu'un d'agréable. Un bon resto et une bonne partie de cul, que demander de plus ? Certaines se confient à moi et m'expliquent que les Vietnamiens ne brillent pas par leur tendresse ou leur douceur. Que la plupart sont même plutôt machos et qu'ils ne les traitent pas toujours correctement. Alors qu'apparemment nous, nous sommes galants, attentifs, prévenants. Je leur trouve les mêmes qualités et je ne manquerai pas d'en profiter. Mes conquêtes d'un soir sont aux petits soins pour moi. Parfois même, si ça se prolonge un peu, elles me préparent des bons petits plats locaux, me font des massages… Chacun y trouve son compte, ni plus ni moins.

Je passe beaucoup de temps à échanger avec les Vietnamiens, Bruno me fait découvrir les petites astuces de la vie locale, je voyage pas mal dans le pays… En gros, je considère mon immersion culturelle plutôt réussie. Mais les jours passent et puis les semaines et, pour ce qui est de la rédaction du livre, hormis la structure des chapitres, je n'ai pas écrit une ligne. Il m'est absolument impensable de passer du temps derrière un ordi alors que dehors le monde vit. Par contre, l'autre objectif que je poursuivais au cours de ce voyage devait bientôt connaître son premier rebondissement.

En faisant des recherches sur Internet pour en savoir un peu plus sur les activités du milieu associatif dans le pays, j'ai découvert l'existence de Maison Chance. Une association créée par une Suissesse, Aline Rebeaud. Une histoire de fou. Elle a vingt ans quand elle quitte les jupes de sa mère et leur confortable petite vie bourgeoise pour voyager au Vietnam. C'est au cours de ce voyage qu'elle fera la connaissance d'un orphelin avec qui elle se liera d'amitié. À travers lui, elle découvrira la précarité de ces enfants livrés à eux-mêmes. Cet enfant la touche. À tel point qu'elle prolongera son voyage pour lui venir en aide. Vingt ans plus tard, elle est toujours là.

Aline pensait d'abord rester quelques semaines supplémentaires, le temps de lui trouver un logement et peut-être même de l'inscrire à l'école. Elle fera la connaissance d'autres enfants vivant une situation similaire et fera le même constat accablant : aucune structure n'existe. À la dure condition d'orphelin s'ajoute aussi parfois celle du handicap et, dans ce domaine-là non plus, aucune politique ne semblait vraiment avoir été mise en place. Alors, Aline va elle-même louer une maison pour les accueillir, une maison qui portera ensuite le nom d'une association, Maison Chance.

Aujourd'hui, Aline a quarante-deux ans. Voilà plus de vingt ans qu'elle se voue corps et âme à son projet. Elle est désormais à la tête de trois centres au Vietnam. Ils comptent en tout plus de deux cents pensionnaires. Elle facilite l'accès à l'éducation, organise des cours, travaille en collaboration avec les écoles locales… Elle a pris sous son aile des orphelins et des enfants défavorisés, mais elle s'occupe aussi de personnes handicapées en proposant des logements adaptés et en leur apprenant un métier.

Je la rencontrerai à plusieurs reprises et visiterai le centre principal situé dans une banlieue défavorisée d'Hô Chi Minh-Ville. Je suis complètement bouleversé par ce que je découvre. Je suis stupéfait de voir tout ce qu'elle a pu réaliser et tellement fasciné par tant d'abnégation, par ce don de soi. Elle aurait pu avoir une vie tranquille, faire des études, trouver un bon boulot et profiter confortablement de la chance d'être bien née. Mais elle a renoncé à tout pour se consacrer aux autres. Moi qui pensais avoir fait un grand pas vers le rachat de mon âme, je réalise que le chemin à parcourir est encore long.

Je suis presque à la fin de mon périple, mon visa arrive inéluctablement à expiration. Mais après la claque que je viens de recevoir en découvrant le travail qu'Aline a réalisé et surtout en comprenant que les besoins sont infinis, je ne peux pas me résoudre à partir. Je veux moi aussi faire quelque chose. Ce serait tellement merveilleux si je pouvais à mon échelle contribuer à son projet. Je lui en parle et on trouve vite un terrain d'entente. Elle me parle notamment d'une de ses dernières idées, la création de chambres d'hôtes au sein même du centre.

Ces chambres seraient forcément accessibles en chaise roulante, mais seraient à disposition de tous les voyageurs, handicapés ou non, de passage au Vietnam et qui souhaiteraient loger et vivre en immersion dans une communauté locale. Ils pourraient ainsi participer aux activités du centre, donner des cours de langue, passer du temps avec les enfants, apprendre à cuisiner les spécialités locales avec les pensionnaires… Une vraie expérience du pays dans ce qu'il peut parfois avoir de plus dur mais de plus beau aussi. Je trouve son projet formidable et lui propose immédiatement mon aide. Je mettrai tout en œuvre pour qu'il voie le jour.

Voilà ce qu'on va faire. Je vais d'abord retourner en Belgique, mon visa doit de toute façon être renouvelé, je règle deux trois trucs sur place et puis je reviens au mois de décembre, juste après mon anniversaire, pour une mission bénévole de cinq à six mois. Je me chargerai de leur communication et de leur marketing, personne ne semble s'être attaqué au sujet jusqu'à ce jour, et je ferai en sorte qu'à mon départ les chambres d'hôtes ne soient plus un projet, mais l'une de leurs plus belles réalisations. Elle accepte.

J'arrive en Belgique et, devant ce faste que je redécouvre, je me dis que, avant de repartir pour le Vietnam, j'ai peut-être encore un bon coup à faire. Si je veux vraiment concrétiser le projet de chambres d'hôtes, ce ne sont pas mes simples connaissances en stratégies marketing qui m'aideront. Comme pour tout, il faut des fonds. Je vais donc faire ce que je fais de mieux, organiser un événement. Cette fois, au profit de son association. Je récolte plusieurs milliers d'euros et deux jours après la soirée, je mets le cap sur le Vietnam.

Je pars très enthousiaste. J'ai le sentiment que je vais vraiment pouvoir faire la différence et j'ai toute l'énergie pour y arriver. Bien évidemment, ça ne se passera pas tout à fait comme je l'avais imaginé…

Rêve

Période de coma dans ma chambre
de soins intensifs de l'AZ VUB

Un parmi tant d'autres…

Je suis étendu, les bras le long du corps. Il fait tellement sombre que j'arrive à peine à distinguer quelques halos de lumière. J'entends des voix au loin, mais j'ai du mal à déchiffrer la langue parlée.

Je n'ai aucune idée du lieu où je me trouve, mais la pièce est grande et semble plus éclairée à l'opposé de l'endroit où je suis. Soudain, de grands bruits de claquement se font entendre, on dirait qu'un moteur se met en route. Après quelques minutes, le bruit de moteur s'accélère et mon corps se déplace, j'ai l'impression d'être sur un tapis roulant. Petit à petit, je me dirige vers la lumière et ma vision s'éclaircit.

Je me rapproche de ce qui a tout l'air d'être une autre pièce, beaucoup plus lumineuse. Je me rends compte qu'il y a de nombreux objets éparpillés autour de moi. Après quelques secondes, je comprends que ce sont des valises et des sacs de voyage.

J'essaie de me lever, en vain. Je suis littéralement figé sur place. Plus je me déplace et plus je distingue avec précision l'espace qui m'entoure. J'ai l'impression que la pièce dans laquelle je me dirige est bourrée de monde. Ces gens sont-ils en train de m'attendre ? Serait-ce le comité d'accueil du paradis ?

J'avance à vitesse constante avec une seule envie : savoir ce qui m'attend. Arrivé au bout de la pièce, j'ouvre grands les yeux et là, surprise. Je ne suis pas arrivé au paradis, mais bien dans un énorme hall d'aéroport. J'aperçois des dizaines, voire des centaines de personnes un peu partout dans la pièce. Ils semblent attendre leurs valises. C'est donc ça, je suis effectivement sur un tapis roulant. Mais qu'est-ce que je fais ici ?

À de nombreuses reprises, j'essaie encore de me lever et de bouger mon corps, mais rien n'y fait, je suis cloué au tapis roulant. Personne n'a l'air de prêter attention à moi. Il y a de nombreux couples, des personnes âgées, des enfants et même une belle brune au décolleté plongeant. Tous sont là pour une seule chose : récupérer leurs affaires. Après de nombreux efforts pour essayer de me dégager de cette situation, je me dis qu'il ne me reste qu'à crier pour que les gens m'aident. Aucun son ne sort de ma bouche. J'ai beau faire tous les efforts possibles, je n'attire l'attention de personne.

Les gens regardent tous de part et d'autre de moi à l'affût de leurs bagages. J'essaie de croiser leur regard, mais ils me voient sans me voir. Ils ne me regardent pas comme si j'étais un être humain, mais comme si j'étais un vulgaire paquet, parmi tant d'autres.

Je suis toujours sur mon tapis roulant, il se vide de plus en plus. Une fois la totalité des bagages récupérés, tout ce petit monde s'éloigne en direction de la sortie.

Je finis par me retrouver seul sur le tapis, impossible de bouger ou même d'émettre le moindre son. Je suis tétanisé, il n'y a plus personne autour de moi et je ne comprends rien à ce qui m'arrive. Je me sens de plus en plus faible et ma tête tourne, ma vue se brouille et je me sens partir. Je perds connaissance.

29

Maintenir le cap

Je quitte la grisaille de l'Europe et l'hiver pour la douceur de l'Asie en ce mois de décembre. Cet aspect-là aussi a joué un rôle dans ma décision de m'impliquer dans cette mission bénévole. Sous 30 degrés, mes douleurs s'estompent un peu, ça compte.

J'arrive dans le centre et je m'installe. Je n'avais pas la moindre idée de ce qu'allait représenter l'acclimatation à ma nouvelle vie. Déjà, si Hô Chi Minh-Ville n'est pas le lieu le plus évident pour vivre et se déplacer quand on est dans ma situation, la réalité dans cette banlieue défavorisée est encore tout autre. Bien sûr, j'en étais parfaitement conscient avant de partir, mais c'est au quotidien qu'on mesure véritablement l'ampleur des difficultés.

Ici, les chemins sont en terre et rien n'est accessible. À la moindre pluie, c'est le chaos total, la boue s'immisce partout et rend chaque déplacement extrêmement compliqué. Les taxis, qui de coutume rechignent à se déplacer jusque-là, s'y aventurent encore moins, même pour le double du prix de la course. C'est un calvaire. Cet inaccessibilité va de pair avec l'isolement. Une situation que je connais très mal. Moi qui suis habitué à la frénésie de grandes villes, à sortir… Ici, à l'exception de quelques petits commerces au bout du chemin, il n'y a tout simplement rien, quel dépaysement.

Nouvel environnement et nouveau rythme de vie aussi. Dans le centre, la grande majorité des pensionnaires et du personnel a l'habitude de se lever vers cinq heures du matin. Et comme je prends toujours un peu plus de temps que tout le monde pour me préparer, je mets mon réveil encore un peu plus tôt. Le contraste avec mes précieuses grasses matinées est saisissant. Et même si je vais me coucher tôt, je n'arrive pas toujours à fermer l'œil. Deux cents enfants et des adultes adeptes du karaoké, ça ne rime pas vraiment avec dormir à poings fermés. Bien entendu, comme pour tout le reste, je m'y habituerai.

Je commence en effet à prendre mes marques. Aline, qui est suisse et francophone d'origine, a tenu à ce que des cours de français soient organisés dans le centre. Tous ceux qui souhaitent y participer, personnel compris, sont les bienvenus. Et je me rends vite compte que de nombreux élèves font plus que se débrouiller. Ça m'aide beaucoup à m'intégrer. C'est probablement grâce à cette facilité de communication que je vais notamment sympathiser avec deux de mes collègues de travail. La charmante Li et le petit Duy. Duy est lui aussi en chaise roulante, il a la polio. Quand Aline l'a accueilli, il y a des années maintenant, il ne savait ni lire ni écrire. Aujourd'hui, il est le webmaster de l'association, il lit et écrit le français et apprend l'anglais. Il est en fait l'incarnation même de la réussite du travail d'Aline, c'est magique à voir.

Me voilà donc à la tâche. L'argent récolté lors de mon événement va me servir à l'aménagement des chambres d'hôtes. À part ça, tout est à faire. Je suis hyper motivé à l'idée de mettre ce projet en place. J'ai une vision claire, structurée de ce que je dois faire. Je vais prendre contact avec les fournisseurs, demander des devis aux potentiels constructeurs et, parallèlement à cela, je vais travailler sur la stratégie marketing du projet, la promotion, concevoir les différentes formules à proposer aux clients.

Je dois me rendre à l'évidence. Ça avance, mais pas comme je voudrais. Quelle frustration ! Je veux des résultats et vite. Je suis trop habitué à ce que mes actes rencontrent des réponses immédiates. Il va falloir que je compose avec la réalité du terrain. Je dois me faire à l'idée que, entre le moment où je fais une demande de devis et l'obtention d'une réponse, il peut se passer plusieurs jours, voire plusieurs semaines. Et ce n'est qu'un exemple parmi d'autres. Moi qui pensais faire la différence avec mon expérience et mes diplômes, je suis vite rattrapé par un constat forcé d'humilité. Il n'existe aucune formule miracle ni aucune manière de procéder qui soit meilleure qu'une autre, c'est le terrain et ceux qui le connaissent qui dictent la conduite.

Finalement, je me fais assez bien à cette idée. D'autant plus que le projet avance quand même et que ma collègue Li, qui m'épaule au quotidien, se rapproche de plus en plus de moi. Li est belle, grande, elle a de longs cheveux noirs, elle est drôle et mature pour ses vingt-cinq ans. Il ne nous faudra pas longtemps pour que notre complicité au travail gagne la sphère privée. Nous serons le couple officiel de l'association, c'est mignon. Mais je veux rester réaliste et surtout honnête avec elle. Je ne suis au centre que pour quelques mois et sa vie à elle est ici. Li vient d'un milieu assez modeste, elle n'a jamais voyagé en dehors du Vietnam et ne voit pas son avenir loin des siens. Il faut que l'on soit clair dès le départ sur l'issue de notre relation.

J'ai remarqué qu'il y avait deux types de filles au Vietnam. En tout cas, parmi celles que j'ai rencontrées. D'abord, celles que j'ai fréquentées lors de mon premier séjour, les « filles des villes ». Elles sont libérées, vivent loin du joug de leurs parents, elles se font inviter par les garçons et cumulent les relations. Puis il y a les filles proches des campagnes. C'est seulement quand elles ont rencontré leur futur époux, qu'elles se sont mariées, qu'elles font enfin l'amour. Ça ne doit certainement plus être le cas de la majorité d'entre elles, mais, officiellement, c'est ce qu'elles prétendent. Li fait plutôt partie de la seconde catégorie. Elle se préserve pour le mariage et est encore vierge.

Notre relation est surtout basée sur une belle complicité. On s'entend à merveille au travail, on est aux petits soins l'un pour l'autre, et ça me va. Je ne pensais pas le dire un jour, mais cette relation platonique me va. J'ai beaucoup de respect pour Li et ses engagements. Quand elle m'annonce qu'elle a bien réfléchi et qu'elle est prête à s'offrir à moi, je refuse. Je lui rappelle que notre relation est temporaire, qu'elle ne doit pas renoncer à ses convictions, mais elle insiste. Elle me convainc en me disant qu'elle n'a jamais sérieusement souhaité attendre jusqu'au mariage, mais seulement voulu rencontrer quelqu'un de bien, quelqu'un qui soit tendre avec elle. C'est ce qu'elle semble voir en moi. Je cède volontiers...

Les projets avancent et je me suis parfaitement adapté à ma vie sur place. Ça y est, j'ai trouvé le rythme. Je réalise à quel point mon quotidien est joyeux, à quel point j'ai de la chance de vivre une telle expérience. Je ne pensais pas un jour me sentir aussi bien loin de chez moi, loin de mes habitudes et surtout de mes proches. Cette crainte va pourtant se révéler fondée. Tant que tout allait bien au pays, je me sentais à ma place, léger. Mais dès que les choses se sont gâtées, la tendance s'est vite inversée.

Je vais d'abord apprendre le décès d'un de mes cousins portugais. Puis ce sera le tour d'une cousine de maman. Et enfin, celui de papy, le père de maman. C'est le coup fatal, je suis effondré. Et je ne suis pas là pour la soutenir. J'aurais beaucoup aimé passer Noël avec papy une dernière fois, mais, du fait de mon retour au Vietnam, ça ne s'était pas fait. Je pense qu'il aurait aimé que je sois présent pour les fêtes mais qu'il était très fier de ce que j'accomplissais. La tristesse me ronge et, à des milliers de kilomètres de chez moi, je ne peux la partager avec personne.

Même si maman et Adi m'ont répété qu'il ne fallait pas que je fasse le déplacement, je ne pouvais pas concevoir de ne pas être là le jour de l'enterrement. Je ferai donc un rapide aller-retour pour serrer fort maman dans mes bras et rendre un dernier hommage à mon grand-père. Maman a été très touchée par mon geste et je suis sûr que papy aussi, là où il est. C'était le moins que je puisse faire et puis je dois aussi reconnaître que moi aussi j'avais besoin de ça, besoin de leur présence dans ces moments si douloureux. Je rentre au Vietnam avec le sentiment que, en terme de mauvaises nouvelles, nous avons eu notre dose.

Ça n'était pas le cas. À peine arrivé, j'apprends que João, l'autre fils de papa, vient d'avoir un accident très grave en Angola. Je ne l'ai jamais rencontré, mais je sais qu'ils se voient régulièrement avec papa. Un accident de voiture, avec comme conséquence une jambe nécrosée. Il aurait du être transféré en Afrique du Sud pour y être soigné, mais les autorités angolaises ont beaucoup trop traîné pour délivrer les autorisations. Résultats des courses, on n'a pas pu lui apporter les soins nécessaires pour rétablir sa jambe et il a du être amputé.

J'ai papa au téléphone, il est bouleversé. Sa voix tremble et je sens des larmes dans ses yeux quand il m'explique sa détresse. Deux fils, deux garçons à l'adolescence tumultueuse, deux garçons dont il n'a jamais vraiment pris le temps de s'occuper, pour lesquels il n'a pas été un père. L'un est en chaise roulante et l'autre est amputé. C'est très dur pour lui. Et puis je pense à João. Vingt ans, seulement. Je sais ce que c'est de se retrouver à l'hôpital amoindri, avec des rêves de vie brisés. Je n'ose pas prendre contact avec lui, il doit certainement être dans un état de fébrilité extrême. Je ne peux que partager sa souffrance, silencieusement.

Malgré mon moral un peu vacillant, la vie au centre reprend ses droits. Heureusement, Li est là et me réconforte. Et puis les gens que je suis amené à croiser au quotidien sont tellement gentils et généreux, que je ne peux pas rester très longtemps dans un état de léthargie sentimentale. Ces personnes ont pour la plupart connu des expériences terriblement dures et traumatisantes, mais ils sont là. Quelles que soient les épreuves et les difficultés auxquelles ils ont dû faire face, ils sont là. Leur sourire ne fait jamais défaut. Je les prends pour modèles. Comment pourrais-je continuer à m'apitoyer ? Il faut regarder droit devant soi, tant de choses restent à faire.

J'ai ravalé mes prétentions de petit stagiaire européen qui allait tout révolutionner. J'ai composé avec les attentes et la réalité du terrain. Dans ce centre qui tourne parfaitement sans moi depuis plus de vingt ans, j'ai pris la place qu'on a bien voulu me donner. Je ne pars plus au quart de tour quand il m'arrive de devoir réitérer une demande plus de dix fois. Je ne m'insurge plus si on ne tient pas compte de mes suggestions pour améliorer le fonctionnement du centre, la gestion du temps ou du personnel. Je me suis plié à leurs standards et ça a porté ses fruits.

Quand je quitte le centre, cinq mois après mon arrivée, les chambres d'hôtes sont là. Six chambres d'hôtes et un appartement parfaitement équipé. La promotion du projet sur le site a bien avancé et les clients sont prêts à s'installer. Je suis fier du travail accompli, mais je retiens surtout tout ce que cette mission a changé en moi. Une vraie révélation. Une expérience magnifique qui a mis à l'honneur les plus belles qualités dont les êtres humains peuvent faire preuve. Je ne suis plus le même et je sais qu'à l'avenir mes actes seront toujours guidés par le souvenir de mon séjour à Maison Chance et de tous ceux que j'y ai croisés.

Je dis au revoir à tout le monde – et à Li –, le cœur serré. Nous resterons bien entendu en contact, mais ça n'empêche pas les effusions de larmes. Les derniers jours sont très durs moralement, j'ai beaucoup de mal à quitter tous ces gens qui m'ont tellement apporté. Faire la connaissance de Mai, une Vietnamienne qui fait des études à l'université d'Hô Chi Minh-Ville et qui doit bientôt se rendre en Allemagne pour compléter son master en gestion hôtelière, me réconforte un peu. Elle a déjà voyagé en Europe, mais serait ravie d'avoir un contact en Belgique. Nous échangeons nos numéros et promettons de nous revoir. À cette simple idée, j'ai le sentiment que mon aventure au Vietnam n'est pas tout à fait terminée. Ça me soulage.

Avant de mettre le cap sur Bruxelles, je veux profiter d'être en Asie pour voyager encore un peu. Le petit Giu va me rejoindre pendant quelques semaines. On va découvrir Hong Kong et Macao. Puis je vais poursuivre l'aventure au Cambodge, en Thaïlande, à Singapour. Je m'imprègne tant que je peux de cette énergie unique qui se dégage des pays asiatiques. Une douceur de vivre et en même temps une véritable effervescence. Je quitte le continent avec le sentiment du devoir accompli, mais surtout riche d'une expérience et d'enseignements qui marquent à jamais. Je n'en espérais pas tant.

J'arrive à Bruxelles au top de ma forme. Mon moral est au beau fixe et, physiquement, ça faisait longtemps que je ne m'étais pas senti aussi bien. Il est vrai que, pendant ces six derniers mois, je n'ai plus ressenti de stress, des massages agrémentaient mon quotidien, j'avais arrêté de fumer, je ne buvais quasiment plus d'alcool, je me nourrissais sainement, les températures tropicales me faisaient un bien fou. Je me sens vraiment bien. Et je ne veux pas perdre de vue cette dynamique positive dans laquelle je suis. Tout ce qui me rappelle le Vietnam me fait du bien et je prends rapidement contact avec Mai, qui est maintenant arrivée en Allemagne. J'irai la voir et, quand elle aura un peu de temps, elle viendra aussi me rendre visite à Bruxelles. Comme une évidence, nous commençons une relation.

Se pose maintenant la question de ce que je vais bien pouvoir faire à Bruxelles. Je n'ai pas avancé sur le projet du livre, mais je sens que ça doit être ma priorité. J'ai plus que jamais l'envie de mettre par écrit ces premiers chapitres de ma vie. Mais nous sommes au mois de mai et je vois se profiler le Festival de Cannes. Il me fait de l'œil. Ça fait six ans que j'y suis présent, je ne vais pas le laisser s'en sortir comme ça. En un temps record, j'organise un petit événement sur la plage. Un cocktail au profit de l'association qui me permet de garder le pied à l'étrier.

Au mois de septembre, je bouillonne d'idées et de projets à mettre en place pour l'association, mais je n'avance pas beaucoup sur le livre. J'éprouve de grandes difficultés à me poser derrière mon bureau et à m'y mettre. Dès que je commence, c'est tout ce que je dois faire pour mes autres projets qui me vient à l'esprit. Je dois me rendre à l'évidence, cette biographie patine. Un soir, je recroise une copine de Jean-XXIII, Mélina. Elle travaille dans la rédaction et, entre deux voyages, elle semble avoir du temps devant elle. Je saute sur l'occasion. Je lui parle de mon projet de livre et elle semble emballée à l'idée de m'aider.

On se connaît bien tous les deux, et depuis de nombreuses années. Je sais que je pourrai facilement me confier à elle et partager tous les détails des épisodes qui ont marqué mon parcours. Je ne veux rien taire, même les actes les moins glorieux ou les pensées les plus tordues, je veux faire preuve d'une transparence et d'une honnêteté irréprochables. Sinon, ce projet n'a tout simplement pas de sens. Avec elle, je me sens en confiance. Mais ce n'est pas la seule qualité que je vois en elle.

Rigoureuse, organisée, parfois même tyrannique, je sais qu'avec elle mon projet va avancer. La collaboration est idéale et je ne me suis pas trompé, nous nous y mettons immédiatement. Ce seront six mois de discussions à bâtons rompus. Six mois au cours desquels je lui raconte tout. Elle m'enregistre pour m'aider à fixer les choses, me pose des questions. L'histoire peu à peu est couchée sur le papier.

30

Le paysage défile

Ce livre, c'est une opportunité comme il en existe peu de mettre mes expériences en perspective. Je ne veux négliger aucun aspect, je suis convaincu que je n'en serai que plus lucide et plus fort pour affronter l'avenir. Les entretiens avec Mélina se terminent, on arrive à la fin de l'histoire, celle d'aujourd'hui. Son aide m'a été extrêmement précieuse et je l'en remercie énormément.

Sur le plan professionnel, j'ai toujours envie d'être actif dans l'événementiel et c'est ce que je fais. Je viens d'organiser un gala de charité au profit de l'association lors du dernier Festival de Cannes, une soirée mettant l'art à l'honneur. Sans conteste, l'un de mes plus gros succès. Avec, entre autres, la présence de Paris Hilton, l'événement a fait grand bruit, même au-delà du continent, et j'ai été approché pour développer le concept dans le pays de l'oncle Sam… À moi le marché américain ! Mais, même si je continue à être persuadé qu'organiser des événements est ce que je fais de mieux, je suis plus que jamais conscient que ce n'est pas ce qui va permettre de me stabiliser financièrement. J'ai en réalité des dizaines de projets en tête. De la création du champagne le plus cher au monde en passant par une marque de vêtements, les idées fusent.

Pour être tout à fait honnête, je suis assez stressé en ce moment. Mes nuits sont agitées. Toute ma vie, j'ai plutôt profité plutôt que capitalisé. Et force est de constater que je n'ai pas vraiment de sous de côté, que je ne possède pas de biens immobiliers et que rien ne m'assure des revenus réguliers. Je n'en peux plus de cette situation, je ne veux pas passer ma vie à courir après l'argent. Je pense à l'avenir et, pour la première fois, je me dis que je me contenterai plus que volontiers d'une petite vie normale, tranquille.

Le plan, c'est donc de faire un ou deux gros coups. Je dois bien reconnaître que, parmi les nombreuses leçons que la vie m'a enseignées, ne figure pas la patience. Je veux avoir une idée de génie qui va me permettre de mettre la main sur une jolie petite somme. Je pourrai alors me concentrer sur l'essentiel : vivre. Un changement radical pour moi. Je ne rêve plus à tout prix d'être multimillionnaire, de faire une carrière enviée de tous. Non. Si je pouvais juste avoir de quoi monter un petit business qui me garantirait des rentrées financières régulières pour vivre correctement, voyager si j'en ai envie, fonder une famille le jour venu, je serai le plus heureux des hommes. Voilà pourquoi je me prends la tête avec tous ces projets. Cet objectif, comme tous ceux que je me suis toujours fixés, je vais tout faire pour l'atteindre.

L'association, je ne l'oublie pas, bien au contraire. Mais, après un départ remarqué, suivi des différentes missions que j'ai faites au Vietnam, je dois reconnaître que le soufflé est un peu retombé. Au moment du lancement, je me rappelle avoir été très médiatisé. Mais plus les semaines passaient et plus je retombais dans l'anonymat. Les efforts à déployer pour continuer à faire vivre l'association doivent redoubler d'intensité. Personne ne va venir toquer à ma porte pris d'une incontrôlable envie de m'aider. C'est à moi, et à moi seul, qu'il revient de tout mettre en œuvre pour y arriver.

Ici non plus ma méthode ne change pas : je ne veux pas mettre dix ans pour trouver les fonds nécessaires au lancement de ce portail Internet. À l'heure actuelle, je fais chauffer mon carnet d'adresses à la recherche de la perle – un groupe, une société, un particulier – prête à tout miser sur mon projet. Je suis sur de belles pistes. Les personnes que j'ai été amené à rencontrer depuis que j'évolue dans le milieu associatif me laissent entrevoir le meilleur pour l'avenir. Après les déboires liés aux mauvaises fréquentations ou à ma naïveté, j'avais clairement perdu confiance. Je ne voyais qu'opportunisme et coups fourrés. Heureusement, mes dernières expériences à l'étranger ont de nouveau mis en exergue la capacité du genre humain à faire preuve d'une générosité inconditionnelle. Je ne ménage donc pas mes efforts, j'y crois.

Depuis la disparition de Jimmy il y a un peu plus de quatre ans, beaucoup de choses ont changé. Ce douloureux rappel de la nature fragile de la vie a inévitablement mis un frein aux excès auxquels je m'étais habitué. Fini les sorties de fou et les litres d'alcool. Fini les drogues dures et les médocs. Je fais vraiment attention à ma santé et depuis un bon moment maintenant. La seule chose que je m'octroie encore de temps en temps, c'est un petit joint. Fumer de l'herbe me permet de me calmer quand je suis dans des états de stress intenses ou quand les douleurs se font trop présentes.

Le départ de Jimmy avait été un déclic, mais je savais pertinemment que je ne pourrais pas tenir le rythme. Je me serais foutu en l'air et n'aurais pas passé la barre des quarante ans. Pourtant, je ne regrette rien. Je suis très heureux d'avoir pu profiter pleinement de ma jeunesse. Ce n'est juste plus ce à quoi j'aspire maintenant. Les années passent et ma santé se fragilise. Je savais que c'était un chemin inévitable, mais ça ne le rend pas moins douloureux pour autant.

La nuque, les épaules, le dos... toutes ces parties de mon corps où j'ai encore de la sensibilité me font souffrir énormément. Les gens l'oublient parfois ; moi, jamais. C'est très difficile de vivre avec cela au quotidien, de faire bonne figure et d'être souriant. Je crois que je donne parfois l'impression d'être quelqu'un de froid, de distant. La vérité, c'est que je suis en état de souffrance permanente et qu'il m'arrive d'avoir des difficultés à ne pas le montrer.

L'avenir n'est pas rose, je le sais. Depuis mon accident, on m'a prévenu. Les douleurs ne cessent jamais et vont plutôt même avoir tendance à s'accentuer. Quand je reprends contact avec Pierre, je ne peux que le constater. À dix ans d'intervalle, nous avons identiquement le même parcours. Il a eu un accident de moto à seize ans et a fait des excès en tout genre. Aujourd'hui, du haut de ses quarante ans, il est sous patchs de morphine pour soulager précisément les douleurs dont je parle. Certains jours, il ne quitte pas son lit, shooté du soir au matin. C'est comme regarder un miroir qui prédit l'avenir, ça fait froid dans le dos.

Il faut vraiment que je trouve un rythme de croisière. D'autant plus que la semaine passée, le Dr Tixhon m'a annoncé que je faisais un burn out. Je le consultais parce que je n'arrivais pas à dormir la nuit et surtout parce que j'avais des pertes de mémoire assez impressionnantes. Je pensais que c'était peut-être lié à l'herbe que je fumais ou aux médicaments que je prenais ou que je prends encore parfois pour m'aider à dormir, mais, à ce point-là, ça ne pouvait pas être ça.

Le Dr Tixhon m'a dit que j'étais beaucoup trop stressé, que je me mettais une pression beaucoup trop grande, que je ne me ménageais pas. C'est vrai. Je suis affairé sur tellement de projets à la fois. Je voyage à droite, à gauche, parfois pour quelques jours seulement, pour rencontrer mes contacts et faire avancer mes projets. Et, cerise sur le gâteau, je suis en procès pour un litige que je traîne, sans le savoir, depuis la vente de *La Villa Loca*.

Guiseppe et moi pensions avoir revendu la société en bonne et due forme en 2007. Mais, il y a quelques mois, nous avons reçu le courrier d'un huissier nous indiquant que la société avait fait faillite et que techniquement nous étions toujours caution auprès de la Brasserie

Maes et que nous leur devions un arriéré de plusieurs dizaines de milliers d'euros. Quel coup de massue ! Nous étions persuadés que nous avions tout fait dans les règles de l'art et voilà que nous devions de l'argent pour une société que nous ne possédions plus depuis plus de huit ans.

J'ai vraiment le sentiment qu'on s'est clairement fait berner au moment de signer les contrats et, bien évidemment, Maes a toutes les raisons de nous poursuivre. Ils ont très certainement profité de notre jeunesse et de notre manque d'expérience juridique pour faire discrètement passer certaines clauses dans les annexes du contrat, et c'est de bonne guerre, sans attirer notre attention dessus. La procédure touche tout doucement à sa fin, le procès aura lieu dans quelques mois. Mais, bien sûr, ça ajoute une couche de plus à mon stress. Après l'événement à Cannes, après le procès, après la sortie du livre, je devrais suivre les recommandations du docteur et prendre des vacances.

Comme toujours, heureusement, les potes sont là. Toujours les mêmes, fidèles. Les Italiens, Thomas, Gaëtan, Maroussa, qui est retournée vivre en Grèce, ma famille au Portugal, que je revois plus qu'avant, et João, que je viens de rencontrer pour la première fois. C'est vraiment un sentiment incroyable de faire la connaissance de son demi-frère, surtout quand ça se passe aussi bien. On s'est tout de suite super bien entendu. Je suis content de savoir qu'il va rester au Portugal pendant un moment, j'aurai rapidement l'occasion de le revoir. Et puis papa, que je revois de temps en temps. Il vit toujours en Angola et profite de la vie à sa manière, sans stress, comme à son habitude. Ça fait plaisir à voir.

Et puis, bien entendu, maman et Adi, mes inébranlables piliers. Je le sais depuis toujours, mais plus les années passent et plus j'en suis conscient, ils sont les deux personnes sur lesquelles je peux me reposer. J'ai toujours pu et je pourrai toujours compter sur eux. Ils ont toujours été là. Parfois, quand je me rappelle qu'ils ne sont pas éternels, je me tape de solides crises d'angoisse. Ils sont tout pour moi. Je ne serais pas là aujourd'hui sans eux. Je leur suis infiniment reconnaissant de l'amour et du soutien inconditionnel qu'ils m'ont toujours témoignés. Le jour où ils ne seront plus là, le plus tard possible évidemment, j'espère moi aussi avoir une famille.

La vie sentimentale que je connais en ce moment me permet de me projeter un peu dans ce rêve. Je suis toujours en couple avec Mai et ça se passe très bien. Mais le meilleur dans tout ça, c'est qu'on ne se prend vraiment pas la tête. Elle est toujours en Allemagne et en a encore pour deux ans d'études. On se voit quelques jours par mois, dès qu'on peut. On prend beaucoup de plaisir à être ensemble, mais on ne se met aucune pression. C'est peut-être ça, la clé. On se dit que le jour où elle aura fini ses études, si on est toujours ensemble, on pourra peut-être envisager d'ouvrir un petit hôtel dans un pays où il fait beau, en Asie ou ailleurs. Avec son expérience dans la gestion hôtelière et mes aspirations, ce serait vraiment une belle histoire.

On ne parle pas encore vraiment de faire des enfants, on se complète surtout avec notre sexualité, que nous estimons très épanouie. Je n'ai plus les mêmes tendances qu'avant et, de plus, je connais depuis quelque temps les plaisirs de l'éjaculation. C'est nouveau pour moi. Comme la grande majorité des blessés médullaires, j'avais bien des érections, mais ça s'arrêtait là. Je reconnais m'en être servi pour me faire passer pour le type qui tenait des heures, alors qu'en fait ce n'était que métabolique. Il fallait bien que je trouve un peu de réconfort dans tout ça.

En tout cas, aujourd'hui, je suis tout ce qu'on fait de plus normal sur le plan sexuel. Et j'ai même eu la confirmation que mon sperme était de première qualité. J'avoue avoir craint que mes spermatozoïdes n'aient eux aussi subi un peu les dommages de mes excès et les conséquences de ma position assise constante, mais un test a fini par lever le voile sur mes angoisses. Il m'a même été dit qu'ils semblaient plus en forme que la moyenne. Ça peut sembler anecdotique, mais ça ne l'est pas. Pour une fois, je sens que mon corps est d'attaque et, surtout, il l'est pour donner la vie…

Au moment précis où je conclus ce que je considère comme étant la première partie de ma vie, et que je suis en train de distribuer les cartes pour la suivante, cette nouvelle est pour moi ce qu'il y a de plus réjouissant pour l'avenir.

31

Épilogue

Nous y sommes presque. Le 3 octobre 2015. Le « fitfty-fitfty ». Le jour où j'aurai passé autant de temps sur mes deux jambes qu'en chaise roulante. Une date qui coïncide avec la sortie de ce livre.

Je suis heureux de ces pages, heureux d'avoir vécu à nouveaux ces moments. Je les dédie à ce garçon que je suis devenu parce que c'est à lui qu'ils serviront. J'espère qu'ils me serviront à ne jamais oublier d'où je viens et où je veux aller.

Mais, ces moments, je les ai également partagés avec vous mes lecteurs, sans mentir, sans en ajouter, sans dissimuler certains aspects moins reluisants du passé.

Je suis conscient que certains passages vont peut-être choquer, que mon image peut s'en révéler écornée, mais je l'assume. Si la lecture de ce livre décourage certains de collaborer avec moi, tant pis. Si d'autres reconnaissent mon honnêteté et peut-être même parviennent à mieux comprendre les difficultés auxquelles je suis parfois confronté, tant mieux.

Mais ce n'est pas ce qui m'importe le plus. Ce que je souhaite au plus profond de moi, c'est que les expériences passées nous aident à mieux nous projeter dans l'avenir.

J'ai passé la moitié de ma vie valide et l'autre moitié en chaise roulante. Quand je relirai ce bouquin dans vingt ans, j'espère que je me dirai que j'aurai passé la moitié de ma vie à la construire et la seconde à la vivre… et pas toujours à 200 à l'heure car je sais aujourd'hui que la vie vaut plus que ça.

Remerciements

À toi Ambre Rouvière, qui as cru en moi dès notre rencontre, m'as proposé d'écrire ce livre et qui m'as guidé tout au long de sa création.

À toi Mélina Vallier Peeters, mon amie de longue date, tu as fortement contribué à la réalisation de ce livre, tu as été là à chaque instant pour m'écouter, me diriger, me comprendre sans me juger et m'accompagner tout au long du processus d'écriture.

À toi Bruno de Stabenrath, que je pourrais remercier trois fois ! Non seulement ton livre *Cavalcade* m'a énormément aidé au moment où j'en avais le plus besoin après mon accident, grâce à toi j'ai vraiment réalisé qu'on pouvait être handicapé et garder le sourire tout en ayant une vie « normale ». Mais j'ai ensuite été ravi que nos chemins se croisent plus de dix ans après, au moment de la création de mon association, et heureux que tu acceptes volontiers de m'aider à la développer. Enfin, c'est pour moi un réel honneur que tu aies accepté d'écrire ma préface et une manière pour moi de boucler la boucle, cette symbolique me plaît beaucoup !

À vous Nikos, Philippe, Taïg et tous les autres qui me soutiennent dans mon combat afin d'améliorer la mobilité de ceux qui en ont besoin.

Enfin, merci à vous ma famille et mes amis, qui jamais ne m'avez laissé tomber malgré les difficultés et les périodes difficiles. Je ne serais plus de ce monde sans vous et je vous dois donc tout ! Mon amour pour vous ne cesse de grandir chaque jour...

Table des matières

Maman et Papa peu de temps après leur rencontre.

Maman était mannequin et modèle.

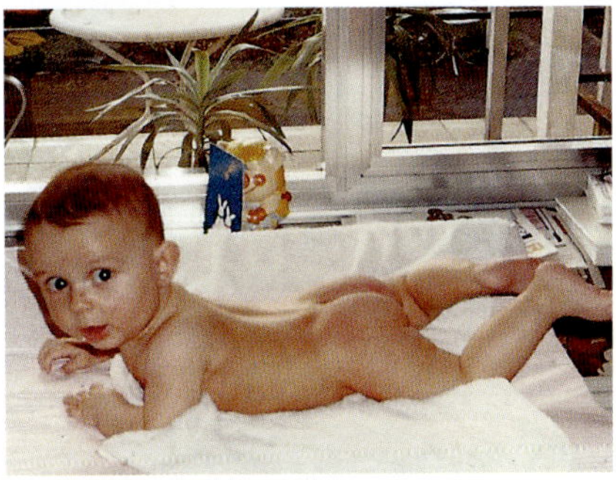

Quelques mois après ma naissance.

Première visite chez les parents de Maman en Belgique.

Mes grands-parents portugais de passage en Belgique.

Une fois séparée de Papa, Maman fera tout ce qu'elle pourra pour m'offrir une enfance heureuse.

Petit j'étais déjà attiré par le monde du spectacle, ici à un concours de chant avec Demis Roussos.

Maman et moi semblons très heureux qu'Adi soit entré dans nos vies.

Début de ma passion pour tout ce qui est à moteur.

Dans notre petite rue, sur la moto que je n'aurais jamais dû emprunter.

Les séjours au Portugal sont fréquents à cette époque.

Quelques semaines avant mon accident, du haut de mon mètre quatre-vingt-quinze.

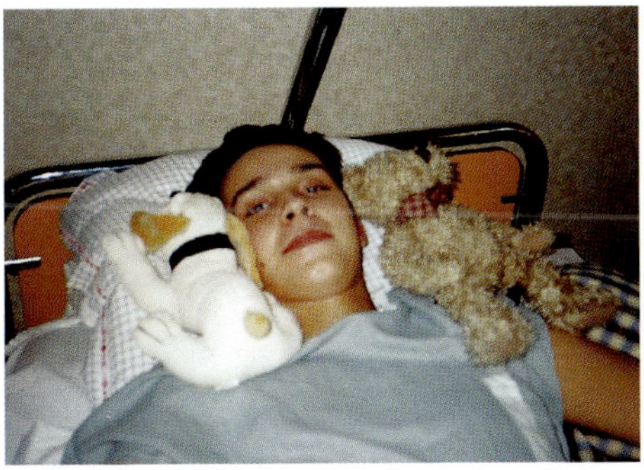

Après avoir quitté les soins intensifs, 2 mois après mon accident.

Brève sortie avec Maroussa devant le centre de rééducation.

Ma première vraie sortie en dehors de l'hôpital, avec Giuseppe, Salvatore, Jimmy et le petit Giu.

Après ma tentative de suicide, toute la bande s'est réunie autour de moi pour fêter le passage à l'an 2000.

Ma famille portugaise au grand complet lors de mon premier retour au pays.

Une fois sorti de l'hôpital, j'organise de nombreuses soirées entre amis chez moi, ici avec ma classe du collège Jean XXIII.

Avec Giuseppe lors de mes premières vacances après mon accident.

L'une de nos sorties légendaires au Carré.

Séjour inoubliable à Ibiza avec Salvatore, Jimmy, Thomas, le petit Giu et Gaëtan.

Maman et Adi m'accompagnent à Cannes en 2011 pour remplacer Jimmy qui m'a fait faux bond.

Avec Maroussa et Jimmy sur le VIP BELGIUM Yacht.

1er août 2011, Jimmy et sa femme Oriana sont assassinés avec leur petit Mattéo.

Cette année cela fait 20 ans que Maroussa est ma meilleure amie.

Toute première rencontre en 2015 avec mon demi-frère João.

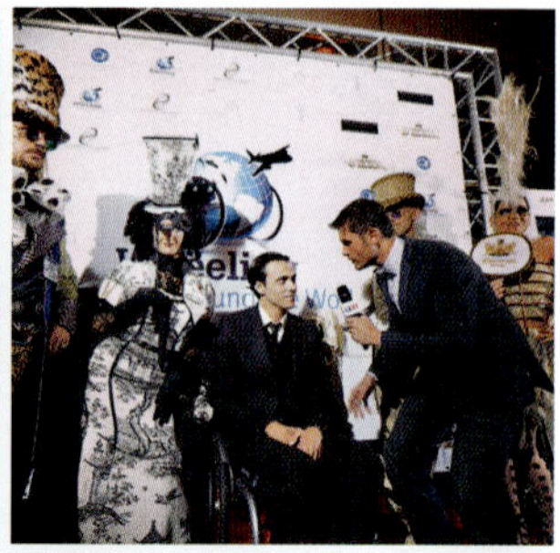

De haut en bas et de gauche à droite : Adriana Karembeu, Anastacia, Au micro de Christophe Beaugrand pour TF1, Avec Anis Dargaa lors de la cérémonie de clôture du Festival du Film de Cannes 2015, Avec Paris Hilton et mon équipe, Bobby Kimball (Toto) et Anis Dargaa, Bruce Willis, Chez Massimo Gargia avec Anis Dargaa, Christian Audigier, Cuba Gooding Jr., Bruno de Stabenrath, Eva Longoria et Amaury Nolasco, un bisou d'Eva.

De haut en bas et de gauche à droite : Gilles Lellouche et Patrick Bruel, Igor et Grichka Bogdanov, Jean-Claude Van Damme, Jermaine Jackson, Les frères Jackson, Lewis Hamilton, Michelle Rodriguez, Nikos Aliagas, Penélope Cruz, Remise du prix The Best à Paris, Ron Perlman, SAS le Prince Albert II de Monaco, une petite partie de l'équie Playboy, Snoop Dogg, Stromae.

Hong Kong.

Au Cambodge avec Bruno.

Cambodge.

Corse.

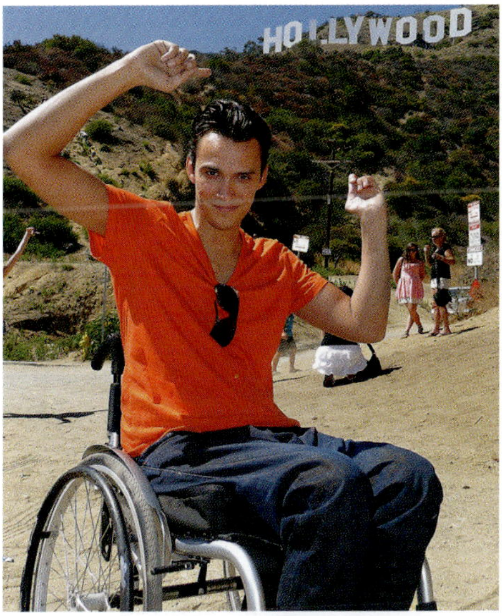

Californie.

Égypte.

A 4000 mètres
d'altitude.

En chute libre à 250km/h.

Les pensionnaires de Maison Chance avec qui j'ai vécu.

Au Maroc avec Jimmy.

Macao.

Thailande.

New York.

Saut à l'élastique à Las Vegas de la plus haute tour de la cité.

République Dominicaine avec Gaëtan.

République Dominicaine.

République Dominicaine.

Singapour.

Vietnam.

Tunisie.

Soirée de charité avec Maison Chance au Vietnam.